Força de Lei

Jacques Derrida, filósofo e principal teórico do desconstrutivismo, nasceu em El-Biar, Argélia, em 1930. Ensinou na Sorbonne, na École Normale Supérieure e na École de Hautes Études. Desde os anos 1970 alternou sua vida na França com temporadas de ensino nos Estados Unidos, onde sua obra foi muito bem recebida. Morreu em Paris, em outubro de 2004. Entre suas obras publicadas no Brasil, estão *Gramatologia*, *O animal que logo sou* e *Torres de Babel*.

Jacques Derrida

Força de Lei

O "Fundamento místico da autoridade"

Tradução
LEYLA PERRONE-MOISÉS

wmf **martinsfontes**

*Esta obra foi publicada originalmente em francês
com o título FORCE DE LOI por Éditions Galilée.
Copyright © Éditions Galilée, 1994.
Copyright © 2007, Livraria Martins Fontes Editora Ltda.,
São Paulo, para a presente edição.*

1ª edição 2007
3ª edição 2018

Tradução
LEYLA PERRONE-MOISÉS

Acompanhamento editorial
Maria Fernanda Alvares
Revisões gráficas
*Letícia Braun
Marisa Rosa Teixeira
Luzia Aparecida dos Santos*
Produção gráfica
Geraldo Alves
Paginação
Studio 3 Desenvolvimento Editorial

**Dados Internacionais de Catalogação na Publicação (CIP)
(Câmara Brasileira do Livro, SP, Brasil)**

Derrida, Jacques
  Força de lei : o fundamento místico da autoridade / Jacques Derrida ; tradução Leyla Perrone-Moisés. – 3ª ed. – São Paulo : Editora WMF Martins Fontes, 2018. (Biblioteca do pensamento moderno)

  Título original: Force de loi.
  ISBN 978-85-469-0188-3

  1. Direito – Filosofia 2. Justiça I. Título.

17-08875   CDU-340.12

Índices para catálogo sistemático:
1. Direito : Filosofia   340.12

Todos os direitos desta edição reservados à
Editora WMF Martins Fontes Ltda.
*Rua Prof. Laerte Ramos de Carvalho, 133 01325-030 São Paulo SP Brasil
Tel. (11) 3293-8150 e-mail: info@wmfmartinsfontes.com.br
http://www.wmfmartinsfontes.com.br*

ÍNDICE

Advertência VII

I. Do direito à justiça.. 1
II. Prenome de Benjamin.................................... 59

Post-scriptum... 135

ADVERTÊNCIA

A primeira parte deste texto, "Do direito à justiça", foi lida na abertura de um colóquio organizado por Drucilla Cornell na Cardozo Law School, em outubro de 1989, sob o título "Deconstruction and the Possibility of Justice". O colóquio reuniu filósofos, teóricos da literatura e juristas (principalmente representantes do movimento norte-americano intitulado *Critical Legal Studies*). A segunda parte do texto, "Prenome de Benjamin", não foi ali pronunciada, mas uma cópia foi distribuída aos participantes.

Na primavera do ano seguinte, no dia 26 de abril de 1990, a segunda parte da mesma conferência foi lida na abertura de outro colóquio, organizado por Saul Friedlander na Universidade da Califórnia em Los Angeles sob o título "Nazism and the 'Final Solution': Probing the Limits of Representation". Essa segunda parte foi precedida de um prólogo e seguida de um *post-scriptum*, que acrescentamos à presente publicação. Esta apresenta alguns desenvolvimentos e notas às edições anteriores e em línguas estrangeiras, sob forma de artigo ou de livro[1].

---

1. "Deconstruction and the Possibility of Justice", trad. ing. Mary Quaintance, in *Cardozo Law Review*, Nova York, vol. II, n.º 5-6 julho-agosto de 1990, depois in *Deconstruction and the Possibility of Justice*, D. Cornell, M. Rosenfeld, D. C. Carlson (orgs.), Nova York-Londres, Routledge, 1992; finalmente, sob forma de livro separado, *Gesetzeskraft. Der "mystische Grund der Autorität"*, trad. al. Alexander Garciá Düttmann, Suhrkamp, 1991.

I
DO DIREITO À JUSTIÇA

É para mim um dever, devo endereçar-me [*m'a-dresser*] a vocês em inglês[1].

O título deste colóquio e o problema que devo, como vocês dizem transitivamente em sua língua, *to address* fazem-me refletir há meses. Embora me tenham confiado a temível honra da *keynote address*, nada tenho a ver com a invenção desse título e com a formulação implícita do problema. "A desconstrução e a possibilidade da justiça": a conjunção *e* associa palavras, conceitos, talvez coisas que não pertençam à mesma categoria. Tal conjunção ousa desafiar a ordem, a taxinomia, a lógica classificatória, qualquer que seja o modo pelo qual ela opera: por analogia, distinção ou oposição. Um orador mal-humorado diria: não vejo a relação, nenhuma retórica pode

---

[1]. A conferência foi inicialmente proferida em inglês. Esta primeira frase foi pronunciada primeiro em francês, depois em inglês.

prestar-se a tal exercício. Disponho-me a tentar falar de cada uma dessas coisas ou dessas categorias ("Desconstrução", "possibilidade", "justiça"), e até mesmo dos sincategoremas ("e", "a", "de"), mas não nessa ordem, nessa taxinomia ou nesse sintagma.

Tal orador não estaria apenas de mau humor, estaria de má-fé. E estaria até mesmo sendo injusto. Pois poderíamos facilmente propor uma interpretação justa, isto é, neste caso, adequada e lúcida, portanto algo suspeitosa com respeito às intenções e aos sentidos do título. Este título sugere uma pergunta que assume, ela mesma, a forma da suspeita: será que a desconstrução assegura, permite, autoriza a possibilidade da justiça? Será que ela torna possível a justiça ou um discurso conseqüente sobre a justiça e sobre as condições de possibilidade da justiça? Sim, responderiam alguns; não, responderiam os opositores. Os "desconstrucionistas" têm algo a dizer sobre a justiça, algo a fazer com a justiça? Por que, no fundo, eles falam dela tão pouco? Isso lhes interessa, afinal? Não será, como alguns desconfiam, porque a desconstrução não permite, nela mesma, nenhuma ação justa, nenhum discurso justo sobre a justiça, mas constitui até mesmo uma ameaça contra o direito e arruína a condição de possibilidade da justiça? Sim, responderiam alguns; não, responderia o adversário.

Desde este primeiro debate fictício, anunciam-se deslizamentos equívocos entre direito e justiça.

O sofrimento da desconstrução, aquilo de que ela sofre e de que sofrem os que ela faz sofrer, é talvez a ausência de regra, de norma e de critério seguro para distinguir, de modo inequívoco, direito e justiça. Trata-se pois destes conceitos (normativos ou não) de norma, de regra ou de critério. Trata-se de julgar aquilo que permite julgar, aquilo que se autoriza o julgamento.

Esta seria a escolha, o "ou... ou", "sim ou não", que se pode suspeitar neste título. Deste ângulo, tal título seria virtualmente violento, polêmico, inquisidor. Podemos temer nele algum instrumento de tortura, uma maneira de interrogar que não seria a mais justa. É inútil precisar, desde já, que a perguntas colocadas desta forma ("ou isto ou aquilo", "sim ou não") não poderei dar nenhuma resposta, em todo caso nenhuma resposta tranqüilizadora para quem quer que seja, para nenhuma das expectativas assim formuladas ou formalizadas.

Devo pois, este é um dever, endereçar-me a vocês em inglês. Devo-o, isto quer dizer muitas coisas ao mesmo tempo.

1. Devo falar inglês (como traduzir este "devo", este dever? *I must*? *I should*? *I ought to*? *I have to*?) porque me colocam uma espécie de obrigação ou uma condição imposta por uma espécie de força simbólica, ou de lei, numa situação que não controlo. Uma espécie de *pólemos* concerne, de imediato,

à apropriação da língua: se ao menos desejo fazer-me ouvir, preciso falar na língua de vocês, devo fazê-lo, tenho de fazê-lo.

2. Devo falar na língua de vocês pois aquilo que direi assim será mais justo ou julgado mais justo, e mais justamente apreciado, isto é, neste caso, no sentido da justeza, da adequação entre o que é e o que é dito ou pensado, entre o que é dito e o que é compreendido, ou entre o que é pensado e dito ou ouvido pela maioria dos que aqui estão e que, de modo manifesto, fazem a lei. "Fazer a lei" (*"making the law"*) é uma expressão interessante sobre a qual voltaremos a falar.

3. Devo falar numa língua que não é a minha porque será mais justo, num outro sentido da palavra "justo", no sentido da justiça, um sentido que diremos, sem refletir demasiadamente por enquanto, jurídico-ético-político: é mais justo falar a língua da maioria, sobretudo quando, por hospitalidade, esta dá a palavra ao estrangeiro. Referimo-nos aqui a uma lei da qual é difícil dizer se é uma conveniência, uma polidez, a lei do mais forte ou a lei eqüitativa da democracia. E se ela pertence à justiça ou ao direito. E, ainda mais, para que eu me submeta a essa lei e a aceite, há certo número de condições: por exemplo, que eu responda a um convite e manifeste meu desejo de falar aqui, o que, aparentemente, nin-

guém me obrigou a fazer; em seguida, é preciso que eu seja capaz, até certo ponto, de compreender o contrato e as condições da lei, isto é, de me apropriar ao menos minimamente da língua de vocês, que, desde então cessa, em certa medida, de ser para mim estrangeira. É preciso que vocês e eu compreendamos, mais ou menos do mesmo modo, a tradução de meu texto, escrito primeiramente em francês e que, por melhor que seja, permanece sendo necessariamente uma tradução, isto é, um compromisso sempre possível mas sempre imperfeito entre dois idiomas.

Essa questão de língua e de idioma estará certamente no cerne daquilo que eu desejaria lhes oferecer à discussão.

Existe, na língua de vocês, certo número de expressões idiomáticas que sempre me pareceram preciosas, pelo fato de não terem nenhum equivalente estrito em francês. Citarei ao menos *duas*, antes mesmo de começar. Elas têm alguma relação com o que eu gostaria de tentar dizer esta tarde.

A. A primeira é *"to enforce the law"*, ou ainda *"enforceability of law or of contract"*. Quando se traduz em francês *"to enforce the law"* por "aplicar a lei", perde-se aquela alusão direta, literal, à força que vem do interior, lembrando-nos que o direito é sempre uma força autorizada, uma força que se justifica ou que tem aplicação justificada, mesmo que essa justificação possa ser julgada, por outro lado, injusta ou injustificável. Não há direito sem força, Kant o lembrou com o maior rigor. A aplicabilidade, a *"enforceability"* não é uma possibilidade exterior ou secundária que viria ou não juntar-se, de modo suplementar, ao direito. Ela é a força essencialmente implicada no próprio conceito da *justiça enquanto direito*, da justiça na medida em que ela se torna lei, da lei enquanto direito.

Quero logo insistir, para reservar a possibilidade de uma justiça, ou de uma lei, que não apenas exceda ou contradiga o direito, mas que talvez não tenha relação com o direito, ou mantenha com ele uma relação tão estranha que pode tanto exigir o direito quanto excluí-lo.

A palavra *"enforceability"* chama-nos pois à letra. Ela nos lembra, literalmente, que não há direito que não implique *nele mesmo, a priori, na estrutura analítica de seu conceito*, a possibilidade de ser *"enforced"*, aplicado pela força. Kant o lembra desde a Introdução à doutrina do direito (no § E, que concerne ao "direito estrito", *das stricte Recht*[2]). Existem, certamente, leis

---

2. Essa exterioridade distingue o direito da moral, mas ela é insuficiente para fundá-lo ou justificá-lo. "Certamente, esse direito se funda na consciência da obrigação de todos segundo a lei; mas, para determinar o arbítrio, ele não pode nem deve, se tem de ser puro, apoiar-se nessa consciência como móbil, mas deve, pelo contrário, estabelecer-se sobre o princípio da possibilidade de um constrangimento externo, que possa conciliar-se com a liberdade de cada um, segundo leis universais." Sobre essa questão, permito-me remeter a meu livro *Du droit à la philosophie*, Galilée, 1990, pp. 77 ss.

não aplicadas, mas não há lei sem aplicabilidade, e não há aplicabilidade ou *"enforceability"* da lei sem força, quer essa força seja direta ou não, física ou simbólica, exterior ou interior, brutal ou sutilmente discursiva – ou hermenêutica –, coercitiva ou reguladora etc.

Como distinguir entre essa força da lei, essa "força de lei", como se diz tanto em francês como em inglês, acredito, e por outro lado a violência que julgamos sempre injusta? Que diferença existe entre, *por um lado*, a força que pode ser justa, em todo caso julgada legítima (não apenas o instrumento a serviço do direito, mas a própria realização, a essência do direito), e, *por outro lado*, a violência que julgamos injusta? O que é uma força justa ou uma força não violenta?

Para não abandonar a questão do idioma, refiro-me aqui a uma palavra alemã que nos ocupará bastante daqui a pouco. É a palavra *Gewalt*. Em francês, como em inglês, ela é freqüentemente traduzida por "violência". O texto de Benjamin, de que falarei mais adiante e que se intitula *Zur Kritik der Gewalt*, é traduzido em francês como *Pour une critique de la violence*, e em inglês como *Critique of Violence*. Mas essas duas traduções, sem ser totalmente injustas, portanto totalmente violentas, são interpretações muito ativas que não fazem justiça ao fato de que *Gewalt* significa também, para os alemães, poder legítimo, autoridade, força pública. *Gesetzgebende Gewalt* é o poder legislativo, *geistliche Gewalt* é o poder espiritual da Igreja, *Staatsgewalt* é a autoridade ou o poder do Estado. *Gewalt* é, portanto, ao mesmo tempo a violência e o poder legítimo, a autoridade justificada. Como distinguir entre a força de lei de um poder legítimo e a violência pretensamente originária que precisou instaurar essa autoridade, e que não podia ela mesma autorizar-se por nenhuma legitimidade anterior, de tal forma que ela não é, naquele momento inicial, nem legal nem ilegal, outros diriam apressadamente nem justa nem injusta? As palavras *Walten* e *Gewalt* têm um papel decisivo em certos textos de Heidegger, ali onde não saberíamos traduzi-las simplesmente nem por força nem por violência, e isso num contexto em que, aliás, Heidegger se aplicará a mostrar que, por exemplo em Heráclito, *Díke*, a justiça, o direito, o julgamento, a pena ou o castigo, a vingança etc., é originariamente *Eris* (o conflito, *Streit*, a discórdia ou o *pólemos*, ou a *Kampf*), isto é, também *adikía*, a injustiça[3].

Já que este colóquio é consagrado à desconstrução e à possibilidade da justiça, lembro primeiramente que, em numerosos textos ditos "desconstrucionistas", e em particular em alguns daqueles que eu mesmo publiquei, o recurso à palavra "força" é ao mesmo tempo muito freqüente, eu ousaria mesmo dizer decisivo em lugares estratégicos, mas sempre, ou quase sempre, acompanhado de uma reserva ex-

---

3. Cf. "L'oreille de Heidegger", in *Politiques de l'amitié*, Galilée, 1994.

plícita, de um alerta. Muitas vezes recomendei vigilância, lembrei a mim mesmo os riscos que essa palavra implica: risco de um conceito obscuro, substancialista, ocultista-místico, risco também de uma autorização concedida à força violenta, injusta, sem regra, arbitrária. (Não citarei esses textos, seria uma forma de complacência e nos faria perder tempo, mas peço-lhes que confiem em mim.) Contra os riscos substancialistas ou irracionalistas, a primeira precaução consiste justamente em lembrar o caráter diferencial da força. Nos textos que acabo de invocar, trata-se sempre da força diferencial, da diferença como diferença de força, da força como *différance* ou força de *différance* (a *différance* é uma força diferida-diferinte); trata-se sempre da relação entre a força e a forma, entre a força e a significação; trata-se sempre de força "performativa", força ilocucionária ou perlocutória, força persuasiva e de retórica, de afirmação da assinatura, mas também e sobretudo de todas as situações paradoxais em que a maior força e a maior fraqueza permutam-se estranhamente. E é toda a história. Resta que sempre me senti pouco à vontade com a palavra "força", mesmo que muitas vezes a julgasse indispensável – e agradeço-lhes pois por me obrigarem a dizer, hoje, algo mais sobre ela. O mesmo acontece, aliás, com a palavra "justiça". Há sem dúvida numerosas razões pelas quais os textos apressadamente identificados como "desconstrucionistas" parecem, digo bem *parecem*, não colocar o tema da justiça como tema, justamente, em seu centro, nem mesmo o da ética ou da política. Naturalmente, *é apenas uma aparência*, se considerarmos *por exemplo* (citarei somente aqueles) numerosos textos consagrados a Levinas e às relações entre "violência e metafísica", à filosofia do direito, a de Hegel com toda a sua posteridade em *Glas*, em que é o motivo principal, ou de textos consagrados à pulsão de poder e aos paradoxos do poder em *Spéculer – sur Freud*, à lei em *Devant la loi* (sobre *Vor dem Gestetz*, de Kafka), ou em *Déclaration d'indépendance*, em *Admiration de Nelson Mandela ou les lois de la réflexion*, e em muitos outros textos. Não é preciso dizer que discursos sobre a dupla afirmação, o dom para além da troca e da distribuição, o indecidível, o incomensurável ou o incalculável, sobre a singularidade, a diferença e a heterogeneidade são também, de ponta a ponta, discursos pelo menos oblíquos sobre a justiça.

É aliás normal, previsível, desejável, que pesquisas de estilo desconstrutivo desemboquem numa problemática do direito, da lei e da justiça. Seria mesmo seu lugar mais próprio, se algo como tal existisse. Um questionamento desconstrutivo que começa, como foi o caso, por desestabilizar ou complicar a oposição de *nómos* e *phýsis*, de *thésis* e de *phýsis* – isto é, a oposição entre a lei, a convenção, a instituição por um lado, e a natureza por outro lado, e todas as que elas condicionam, por exemplo, e é apenas um exemplo, a do direito positivo e do direito natural (a *différance* é o deslocamento dessa lógica oposicional); um questionamento desconstrutivo que começa, como foi o caso, por desestabilizar, complicar ou apontar os paradoxos de valores como os do próprio e da propriedade, em todos os seus registros, o do sujeito, e portanto do sujeito responsável, do sujeito do direito e do sujeito da moral, da pessoa jurídica ou moral, da intencionalidade etc. e de tudo o que daí decorre, tal questionamento desconstrutivo é, de ponta a ponta, um questionamento sobre o direito e a justiça. Um questionamento sobre os fundamentos do direito, da moral e da política.

Esse questionamento sobre os fundamentos não é nem fundamentalista nem anti-fundamentalista. Acontece mesmo, ocasionalmente, ele colocar em questão ou exceder a possibilidade ou a necessidade última do próprio questionamento, da forma questionadora do pensamento, interrogando sem confiança nem preconceito a própria história da questão e de sua autoridade filosófica. Pois existe uma autoridade – portanto uma força legítima da forma questionadora, a respeito da qual podemos nos perguntar de onde ela tira uma força tão grande em nossa tradição.

Se, por hipótese, ele tivesse um lugar próprio, o que justamente não é o caso, tal "questionamento" ou metaquestionamento desconstrutivo estaria mais "em seu lugar" nas faculdades de direito, e talvez também, como às vezes acontece, nos departamentos de teologia ou de arquitetura, do que em departamentos de filosofia ou departamentos de literatura. Eis por que, sem os conhecer bem do interior, sinto-me culpado, sem pretender qualquer familiaridade com eles, julgo que os desenvolvimentos dos *Critical Legal Studies* ou dos trabalhos como os de Stanley Fish, Barbara Herrstein-Smith, Drucilla Cornell, Samuel Weber e outros, que se situam na articulação entre a literatura, a filosofia, o direito e os problemas político-institucionais, são, hoje em dia, do ponto de vista de certa desconstrução, dos mais fecundos e dos mais necessários. Eles respondem, a meu ver, aos programas mais radicais de uma desconstrução que desejaria, para ser conseqüente com relação a ela mesma, não permanecer fechada em discursos puramente especulativos, teóricos e acadêmicos, mas pretender, contrariamente ao que sugere Stanley Fish, ter conseqüências, *mudar* as coisas e intervir de modo eficiente e responsável (embora sempre mediatizado, claro) não apenas na profissão mas naquilo que chamamos a cidade, a *pólis* e, mais geralmente, o mundo. Não mudá-las no sentido, sem dúvida um tanto ingênuo, da intervenção calculada, deliberada e estrategicamente controlada, mas no sentido da intensificação máxima de uma transformação em curso, a um título que não é o do simples sintoma, nem o de uma simples causa: outras categorias seriam aqui requeridas. Numa sociedade industrial e hipertecnológica, o espaço acadêmico é, menos do que nunca, o enclave monádico ou monástico que, aliás, ele jamais foi. E isso é verdade em particular para as faculdades de direito.

Apresso-me a acrescentar isto, em *três pontos* muito breves:

1. Essa conjunção ou essa conjuntura é sem dúvida inevitável entre uma desconstrução de estilo mais diretamente filosófica ou motivada pela teoria literária, por um lado, pela reflexão jurídico-literária e pelos *Critical Legal Studies*, por outro.

2. Essa conjunção articulada certamente não se desenvolveu de modo tão interessante neste país por acaso. Esse é outro problema – urgente e apaixonante – que, por falta de tempo, devo deixar de lado. Há sem dúvida razões profundas para que esse desenvolvimento seja primeiramente e sobretudo norte-americano; razões complicadas, geopolíticas e não somente domésticas.

3. Sobretudo, se parece urgente atentar para esse desenvolvimento conjunto ou concorrente, e dele participar, é igualmente vital não assimilar discursos, estilos, contextos discursivos muito heterogêneos e desiguais. A palavra "desconstrução" poderia, em certos casos, causar ou encorajar tal confusão. Ela mesma ocasiona suficientes mal-entendidos para que não lhe acrescentemos outros, assimilando por

exemplo, primeiro entre eles, todos os estilos de *Critical Legal Studies*, ou transformando-os todos em exemplos ou prolongamentos *da* desconstrução. Por pouco familiares que eles me sejam, sei que esses trabalhos dos *Critical Legal Studies* têm sua história, seu contexto e seu idioma próprios; que comparados a tal questionamento filosófico-desconstrutivo eles são por vezes, digamos para abreviar, desiguais, tímidos, aproximativos ou esquemáticos, para não dizer atrasados, ao mesmo tempo que, por sua especialização e pela acuidade de sua competência técnica, eles estão, pelo contrário, muito adiantados em relação a determinados estados da desconstrução, num campo mais literário ou filosófico. O respeito às especificidades contextuais, acadêmico-institucionais, discursivas, a desconfiança dos analogismos e das transposições apressadas, das homogeneizações confusas parecem-me, na fase atual, o primeiro imperativo. Estou persuadido, espero em todo caso que este encontro nos deixará a memória de diferenças e diferendos, tanto quanto a de cruzamentos, coincidências ou consensos.

É pois somente em aparência que, nas manifestações mais conhecidas sob esse nome, a desconstrução não "endereçou"* o problema da justiça. É somente uma aparência, mas é preciso prestar con-

---

* Derrida usa aqui o verbo "endereçar" com regência transitiva direta, como em inglês. (N. da T.)

tas das aparências, "salvar as aparências", no sentido que Aristóteles dava a essa necessidade. É o que eu gostaria de me esforçar por fazer aqui: mostrar por que e como aquilo que se chama correntemente *a* desconstrução, embora não pareça "endereçar" o problema da justiça, fez apenas isso, sem poder fazê-lo diretamente, somente de modo *oblíquo*. Oblíquo como, neste momento, em que me preparo para demonstrar que não se pode falar *diretamente* da justiça, tematizar ou objetivar a justiça, dizer "isto é justo" e, ainda menos, "eu sou justo", sem trair imediatamente a justiça, senão o direito[4].

B. Ainda não comecei. Acreditava dever começar dizendo que devo endereçar-me a vocês em sua língua; e anunciei logo que sempre julguei preciosas, ou mesmo insubstituíveis, pelo menos duas de suas expressões idiomáticas. Uma era *"to enforce the law"*, que nos lembra sempre que, se a justiça não é necessariamente o direito ou a lei, ela só pode tornar-se justiça, por direito ou em direito, quando detém a força, ou antes quando recorre à força desde seu primeiro instante, sua primeira palavra. No começo da justiça, terá havido o *lógos*, a linguagem ou a língua, mas isso não é necessariamente contraditório com outro *incipit* que dissesse: "No começo, terá havido

---

4. Sobre a causa do oblíquo, permito-me remeter a *Du droit à la philosophie*, Galilée, 1990, em particular, pp. 71 ss., e a *Passions*, "L'offrande oblique", Galilée, 1993.

a força." O que se deve pensar é, pois, esse exercício da força na própria linguagem, no mais íntimo de sua essência, como no movimento pelo qual ela se desarmaria absolutamente por si mesma.

Pascal o diz num fragmento ao qual voltarei talvez mais tarde, um de seus célebres "pensamentos", sempre mais difíceis do que parecem. Este assim começa:

"*Justiça, força*. – É justo que aquilo que é justo seja seguido, é necessário que aquilo que é mais forte seja seguido."[5]

O começo desse fragmento já é extraordinário, pelo menos no rigor de sua retórica. Ele diz que aquilo que é justo *deve* – e é justo – ser seguido; seguido de conseqüência, seguido de efeito, aplicado, *enforced*; depois, que aquilo que é "o mais forte" *deve* também ser seguido: de conseqüência, de efeito etc. Por outras palavras: o axioma comum é que o justo e o mais forte, o mais justo como o mais forte *devem* ser seguidos. Mas esse "dever ser seguido", comum ao justo e ao mais forte, é "justo" num caso, "necessário" no outro: "É justo que aquilo que é justo seja seguido [por outras palavras: o conceito ou a idéia do justo, no sentido de justiça, implica analiticamente e *a priori* que o justo seja 'seguido', *enforced*, e é jus-

---

5. *Pensées*, ed. Brunschvicg, § 298, p. 470. [Trad. bras. *Pensamentos*, São Paulo, Martins Fontes, 2.ª ed., 2005.]

to – também no sentido de justeza – pensar assim], é necessário que aquilo que é mais forte seja seguido (*enforced*)."

Pascal prossegue: "A justiça sem a força é impotente [por outras palavras: a justiça não é a justiça, ela não é feita se não tiver a força de ser '*enforced*'; uma justiça impotente não é uma justiça, no sentido do direito]; a força sem a justiça é tirânica. A justiça sem força é contradita, porque sempre há homens maus; a força sem a justiça é acusada. É preciso pois colocar juntas a justiça e a força; e, para fazê-lo, que aquilo que é justo seja forte, ou que aquilo que é forte seja justo."

Quanto ao "é preciso" dessa conclusão ("É preciso pois colocar juntas a justiça e a força"), é difícil decidir ou concluir tratar-se de um "é preciso" prescrito por aquilo que é justo na justiça ou por aquilo que é necessário na força. Hesitação que podemos considerar também como secundária. Ela flutua na superfície de um "é preciso" mais profundo, por assim dizer, já que a justiça exige, enquanto justiça, o recurso à força. A necessidade da força está pois implicada no justo da justiça.

Sabemos o que segue e conclui essa proposição: "E assim, não podendo fazer com que aquilo que é justo fosse forte, fizeram com que aquilo que é forte fosse justo." Estou certo de que o princípio de análise desse pensamento de Pascal, ou melhor, de interpretação (ativa e tudo exceto não-violenta) que proporei indiretamente no decorrer desta conferência iria contra a tradição e seu contexto mais evidente. Esse contexto dominante e a interpretação convencional que ele parece comandar vão justamente num sentido convencionalista, em direção a uma espécie de ceticismo pessimista, relativista e empirista. Foi essa razão que levou Arnaud, por exemplo, a suprimir esses pensamentos da edição de Port Royal, alegando que Pascal os havia escrito sob a impressão de uma leitura de Montaigne, segundo o qual as leis não são justas nelas mesmas, mas somente porque são leis. É verdade que Montaigne havia utilizado uma expressão interessante, que Pascal retoma por sua conta, e que eu também gostaria de reinterpretar e subtrair à sua leitura mais convencional. A expressão é "fundamento místico da autoridade". Pascal cita Montaigne sem nomeá-lo, quando escreve:

> [...] um diz que a essência da justiça é a autoridade do legislador, outro, a comodidade do soberano, outro, o costume presente; e é o mais seguro: nada, segundo somente a razão, é justo por si; tudo se move com o tempo. O costume faz toda eqüidade, pela simples razão de ser recebida; é o *fundamento místico da autoridade*. Quem a remete a seu princípio a aniquila.[6]

---

6. *Op. cit.*, § 294, p. 467. Sublinhado por mim.

Montaigne falava de fato, são suas palavras, de um "fundamento místico" da autoridade das leis:

> Ora, as leis se mantêm em crédito, não porque elas são justas, mas porque são leis. É o fundamento místico de sua autoridade, elas não têm outro [...]. Quem a elas obedece porque são justas não lhes obedece justamente pelo que deve.[7]

Visivelmente, Montaigne distingue aqui as leis, isto é, o direito, da justiça. A justiça do direito, a justiça como direito não é a justiça. As leis não são justas como leis. Não obedecemos a elas porque são justas, mas porque têm autoridade. A palavra "crédito" porta toda a carga da proposição e justifica a alusão ao caráter "místico" da autoridade. A autoridade das leis repousa apenas no crédito que lhes concedemos. Nelas acreditamos, eis seu único fundamento. Esse ato de fé não é um fundamento ontológico ou racional. E ainda resta pensar no que significa *crer*.

É pouco a pouco que se esclarecerá, se for possível e se isso tem um valor de clareza, o que podemos entender pela expressão "fundamento místico da autoridade". É verdade que Montaigne também tinha escrito isso, que também deve ser interpretado para além de sua superfície simplesmente conven-

---

7. Montaigne, *Essais*, III, cap. XIII, "De l'expérience", Bibliothèque de la Pléiade, p. 1203. [Trad. bras. *Os ensaios III*. São Paulo, Martins Fontes, 2001.]

cional e convencionalista: "... nosso próprio direito tem, ao que dizem, ficções legítimas sobre as quais ele funda a verdade de sua justiça"[8]. O que é uma ficção legítima? Que quer dizer fundar a verdade da justiça? Eis algumas das perguntas que nos esperam. Montaigne propunha uma analogia entre esse suplemento de ficção legítima, isto é, necessária para fundar a verdade da justiça, e o suplemento de artifício suscitado por uma deficiência da natureza, como se a ausência de direito natural solicitasse o suplemento de direito histórico ou positivo, isto é, um acréscimo de ficção, como – e é a aproximação proposta por Montaigne – "as mulheres usam dentes de marfim onde os naturais lhes faltam e, em vez de sua verdadeira tez, forjam outra de alguma maneira estranha... embelezam-se com uma beleza falsa e emprestada: assim faz a ciência (e até mesmo nosso direito tem, ao que dizem, ficções legítimas sobre as quais ele funda a verdade de sua justiça)"[9].

O pensamento de Pascal, que "põe juntas" a justiça e a força e faz da força uma espécie de predicado essencial da justiça – palavra sob a qual ele entende mais o direito do que a justiça –, vai talvez além de um relativismo convencionalista ou utilitário, além de um niilismo antigo ou moderno, que

---

8. *Op. cit.*, II, cap. XII, p. 601.
9. *Ibid.*

faria da lei o que se chama por vezes de "um poder mascarado", para além da moral cínica de "O lobo e o cordeiro" de La Fontaine, segundo a qual "A razão do mais forte é sempre a melhor" (*"Might makes right"*).

Em seu princípio, a crítica pascaliana remete ao pecado original e à corrupção das leis naturais por uma razão ela mesma corrompida: "Há, sem dúvida, leis naturais; mas esta bela razão corrompida corrompeu tudo."[10] E em outra parte: "Nossa justiça [se anula] diante da justiça divina."[11] (Esses pensamentos nos preparam à leitura de Benjamin.)

Mas se isolarmos a alçada, de certo modo funcional, da crítica pascaliana, se dissociarmos esta simples análise da presunção de seu pessimismo cristão, o que não é impossível, podemos então nela encontrar, como aliás em Montaigne, as premissas de uma filosofia crítica *moderna*, ou uma crítica da ideologia jurídica, uma dessedimentação das superestruturas do direito que ocultam e refletem, ao mesmo tempo, os interesses econômicos e políticos das forças dominantes da sociedade. Isso seria sempre possível e, por vezes, útil.

Mas, para além de seu princípio e de sua alçada, este pensamento pascaliano concerne talvez a uma estrutura mais intrínseca. Uma crítica da ideologia

---
10. *Pensées*, IV, § 294, p. 466.
11. *Op. cit.* § 233, p. 435.

jurídica não deveria jamais negligenciá-la. O próprio surgimento da justiça e do direito, o momento instituidor, fundador e justificante do direito, implica uma força performativa, isto é, sempre uma força interpretadora e um apelo à crença: desta vez, não no sentido de que o direito estaria *a serviço* da força, instrumento dócil, servil e portanto exterior do poder dominante, mas no sentido de que ele manteria, com aquilo que chamamos de força, poder ou violência, uma relação mais interna e mais complexa. A justiça – no sentido do direito (*right or law*) – não estaria simplesmente a serviço de uma força ou de um poder social, por exemplo econômico, político, ideológico, que existiria fora dela ou antes dela, e ao qual ela deveria se submeter ou se ajustar, segundo a utilidade. Seu momento de fundação ou mesmo de instituição jamais é, aliás, um momento inscrito no tecido homogêneo de uma história, pois ele o rasga por uma decisão. Ora, a operação de fundar, inaugurar, justificar o direito, *fazer a lei*, consistiria num golpe de força, numa violência performativa e portanto interpretativa que, nela mesma, não é nem justa nem injusta, e que nenhuma justiça, nenhum direito prévio e anteriormente fundador, nenhuma fundação preexistente, por definição, poderia nem garantir nem contradizer ou invalidar. Nenhum discurso justificador pode, nem deve, assegurar o papel de metalinguagem com relação à performatividade da linguagem instituinte ou à sua interpretação dominante.

O discurso encontra ali seu limite: nele mesmo, em seu próprio poder performativo. É o que proponho aqui chamar, deslocando um pouco e generalizando a estrutura, o *místico*. Há ali um silêncio murado na estrutura violenta do ato fundador. Murado, emparedado, porque esse silêncio não é exterior à linguagem. Eis em que sentido eu seria tentado a interpretar, para além do simples comentário, o que Montaigne e Pascal chamam de *fundamento místico da autoridade*. Poder-se-á sempre voltar a – ou voltar-se contra – o que faço ou digo aqui, mesmo o que digo que é feito na origem de toda instituição. Eu puxaria pois o uso da palavra "místico" a um sentido que me arrisco a dizer wittgensteiniano. Esses textos de Montaigne e de Pascal, como a tradição a que pertencem, como a interpretação um pouco ativa que deles proponho, poderiam ser chamados à discussão por Stanley Fish em "Force" (em *Doing What Comes Naturally*[12]) de *"the Concept of Law"* de Hart e alguns outros, entre os quais implicitamente Rawls, ele mesmo criticado por Hart, assim como pelos debates iluminados de certos textos de Samuel Weber sobre o caráter agonístico e não simplesmente intra-institucional ou monoinstitucional de certos conflitos em *Institution and Interpretation*[13].

---

12. Stanley Fish, *Doing What Comes Naturally, Change and the Rhetoric of Theory in Literary and Legal Studies*, Durham-Londres, Duke University, 1989.

13. Minneapolis, University of Minnesota Press, 1987.

Já que a origem da autoridade, a fundação ou o fundamento, a instauração da lei não podem, por definição, apoiar-se finalmente senão sobre elas mesmas, elas mesmas são uma violência sem fundamento. O que não quer dizer que sejam injustas em si, no sentido de "ilegais" ou "ilegítimas". Elas não são nem legais nem ilegais em seu momento fundador. Elas excedem a oposição do fundado ao não-fundado, como de todo fundacionismo ou todo antifundacionismo. Mesmo que o êxito de performativos fundadores de um direito (por exemplo, e é mais do que um exemplo, de um Estado como garante de direito) suponha condições e convenções prévias (por exemplo no espaço nacional ou internacional), o mesmo limite "místico" ressurgirá na origem suposta das ditas condições, regras ou convenções – e de sua interpretação dominante.

Na estrutura que assim descrevo, o direito é essencialmente *desconstruível*, ou porque ele é fundado, isto é, construído sobre camadas textuais interpretáveis e transformáveis (e esta é a história do direito, a possível e necessária transformação, por vezes a melhora do direito), ou porque seu fundamento último, por definição, não é fundado. Que o direito seja desconstruível, não é uma infelicidade. Pode-se mesmo encontrar nisso a chance política de todo progresso histórico. Mas o paradoxo que eu gostaria de submeter à discussão é o seguinte: é essa estrutura desconstruível do direito ou, se preferirem, da justiça como direito, que assegura também a possibilidade da desconstrução. A justiça nela mesma, se algo como tal existe, fora ou para além do direito, não é desconstruível. Assim como a desconstrução ela mesma, se algo como tal existe. *A desconstrução é a justiça*. É talvez porque o direito (que tentarei, portanto, distinguir regularmente da justiça) é construível, num sentido que ultrapassa a oposição da convenção à natureza, é talvez na medida em que ultrapassa essa oposição que ele é construível – portanto desconstruível e, ainda mais, que ele torna possível a desconstrução, ou pelo menos o exercício de uma desconstrução que, no fundo, trata sempre de questões de direito ou relativas ao direito. Donde estas três proposições:

1. A desconstrutibilidade do direito (por exemplo) torna a desconstrução possível.

2. A indesconstrutibilidade da justiça torna também a desconstrução possível, ou com ela se confunde.

3. Conseqüência: a desconstrução ocorre no intervalo que separa a indesconstrutibilidade da justiça e a desconstrutibilidade do direito. Ela é possível como uma experiência do impossível, ali onde, mesmo que ela não exista, se não está *presente*, ainda não ou nunca, *existe* a justiça. Em toda parte em que se pode substituir, traduzir, determinar o X da justiça, deveríamos dizer: a desconstrução é possível como impossível, na medida (ali) em que *existe* X (indes-

construível), portanto na medida (ali) em que *existe* (o indesconstruível).

Por outras palavras, a hipótese e as proposições em direção às quais eu aqui tateio solicitariam preferivelmente como subtítulo: a justiça como possibilidade da desconstrução, a estrutura do direito ou da lei, da fundação ou da auto-autorização do direito como possibilidade do exercício da desconstrução. Estou certo de que isso não está claro. Espero, sem ter certeza, que isso se tornará um pouco mais claro daqui a pouco.

Eu disse que ainda não tinha começado. Talvez eu não comece nunca, e talvez este colóquio fique sem *keynote*. No entanto, já comecei. Autorizo-me – mas com que direito? – a multiplicar os protocolos e os desvios. Comecei dizendo que estava enamorado de pelo menos dois de seus idiomatismos. Um era *"enforceability"*, o outro é o uso transitivo do verbo *"to address"*. Em francês, endereçamo-nos a alguém, endereçamos uma carta ou uma fala, uso também transitivo, sem ter certeza de que elas chegarão a um destino, mas não se endereça um problema. E, ainda menos, endereçamos alguém. Esta tarde, comprometi-me, por contrato, a "endereçar" em inglês um problema, isto é, a ir diretamente a ele e diretamente a vocês, tematicamente e sem desvio, endereçando-me a vocês em sua língua. Entre o direito, a retidão do endereço, a direção e a direiteza, deveríamos encontrar a comunicação de uma linha reta e encontrar a direção certa. Por que a desconstrução tem a reputação, justificada ou não, de tratar as coisas *obliquamente*, indiretamente, em estilo indireto, com tantas aspas e perguntando sempre se as coisas chegam ao endereço indicado? Essa reputação é merecida? E, merecida ou não, como explicá-la?

Já fiz, pelo fato de falar a língua do outro e romper com a minha, pelo fato de me render ao outro, uma singular mistura de força, de justeza e de justiça. E devo, é um dever, "endereçar" em inglês, como vocês dizem em sua língua, os problemas infinitos, infinitos em seu número, infinitos em sua história, infinitos em sua estrutura, recobertos pelo título *Deconstruction and the Possibility of Justice*. Mas, já o sabemos, esses problemas não são infinitos porque infinitamente numerosos, nem porque estão enraizados no infinito de memórias e de culturas (religiosas, filosóficas, jurídicas etc.) que jamais dominaremos. Eles são infinitos, por assim dizer, *neles mesmos*, porque exigem a própria experiência da aporia que tem alguma relação com o que, há pouco, chamávamos de *mística*.

Dizendo que eles exigem até mesmo a *experiência da aporia*, podemos entender duas coisas já bastante complicadas.

1. Uma *experiência* é uma travessia, como a palavra o indica, passa através e viaja a uma destinação para a qual ela encontra passagem. A experiência encontra sua passagem, ela é possível. Ora, nesse sen-

tido, não pode haver experiência plena da aporia, isto é, daquilo que não dá passagem. *Aporía* é um não-caminho. A justiça seria, deste ponto de vista, a experiência daquilo que não podemos experimentar. Encontraremos, daqui a pouco, mais de uma aporia, sem poder ultrapassá-las.

2. Mas acredito que não há justiça sem essa experiência da aporia, por impossível que seja. A justiça é uma experiência do impossível. Uma vontade, um desejo, uma exigência de justiça cuja estrutura, não fosse uma experiência da aporia, não teria nenhuma chance de ser o que ela é, a saber, apenas um *apelo* à justiça. Cada vez que as coisas acontecem ou acontecem de modo adequado, cada vez que se aplica tranqüilamente uma boa regra a um caso particular, a um exemplo corretamente subsumido, segundo um juízo determinante, o direito é respeitado, mas não podemos ter certeza de que a justiça o foi.

O direito não é a justiça. O direito é o elemento do cálculo, é justo que haja um direito, mas a justiça é incalculável, ela exige que se calcule o incalculável; e as experiências aporéticas são experiências tão improváveis quanto necessárias da justiça, isto é, momentos em que a *decisão* entre o justo e o injusto nunca é garantida por uma regra.

Devo pois *endereçar-me* a vocês e "endereçar" problemas, devo fazê-lo brevemente e numa língua estrangeira. Para o fazer brevemente, eu deveria fazê-lo o mais diretamente possível, indo em frente, sem desvios, sem álibi histórico, sem encaminhamento oblíquo, em direção a vocês, por um lado, primeiros destinatários deste discurso, mas ao mesmo tempo, por outro lado, em direção ao lugar de decisão essencial para os referidos problemas. O endereço, como a direção, como a retidão, diz algo acerca do direito, e aquilo a que não devemos faltar quando queremos a justiça, quando queremos ser justos, é a retidão do endereço. Não devemos carecer de endereço, mas, sobretudo, não devemos errar de endereço, não devemos nos enganar de endereço. Ora, o endereço é sempre singular. Um endereço é sempre singular, idiomático; enquanto a justiça, como direito, parece sempre supor a generalidade de uma regra, de uma norma ou de um imperativo universal. Como conciliar o ato de justiça, que deve sempre concernir a uma singularidade, indivíduos, grupos, existências insubstituíveis, o outro ou eu *como* outro, numa situação única, com a regra, a norma, o valor ou o imperativo de justiça, que têm necessariamente uma forma geral, mesmo que essa generalidade prescreva uma aplicação que é, cada vez, singular? Se eu me contentasse com a aplicação de uma regra justa, sem espírito de justiça e sem inventar, de certa maneira, a cada vez a regra e o exemplo, eu estaria talvez a salvo da crítica, sob a proteção do direito, agiria de modo conforme ao direito objetivo, mas não seria justo. Eu agiria, como diria Kant, *em conformidade* com o dever, mas não *por dever* ou *por respeito* à lei.

Será jamais possível dizer: uma ação é não apenas legal, mas justa? Uma pessoa está não somente em seu direito, mas na justiça? Tal pessoa é justa, uma decisão é justa? Será jamais possível dizer: sei que sou justo? Eu gostaria de mostrar que tal certeza é essencialmente impossível, fora da figura da boa consciência e da mistificação. Mas permitam-me outro desvio.

Endereçar-se a outrem na língua do outro é, ao mesmo tempo, a condição de toda justiça possível, ao que parece, mas isso parece não apenas rigorosamente impossível (já que só posso falar a língua do outro na medida em que dela me aproprio, ou que a assimilo segundo a lei de um terceiro implícito), mas até mesmo excluído da justiça como direito, na medida em que parece implicar um elemento de universalidade, o recurso ao terceiro que suspende a unilateralidade ou a singularidade dos idiomas.

Quando eu me endereço a alguém em inglês, é sempre uma provação para mim. Para meus destinatários também, imagino. Em vez de lhes explicar por que e perder tempo ao fazê-lo, começo *in media res*, por algumas observações que ligam, para mim, a gravidade angustiante desse problema de língua à questão da justiça, da possibilidade da justiça.

Por um lado, e por razões fundamentais, parece-nos justo *rendre la justice* [fazer justiça], como se diz em francês, em determinado idioma, numa língua para a qual todos os "sujeitos" concernidos são supostos competentes, isto é, capazes de entender e de interpretar; todos os "sujeitos", isto é, aqueles que estabelecem as leis, os que julgam e os que são julgados, as testemunhas no sentido largo e no sentido restrito, todos os que são garantes do exercício da justiça, ou melhor, do direito. É injusto julgar alguém que não compreende seus direitos nem a língua em que a lei está inscrita, ou o julgamento pronunciado etc. Poderíamos multiplicar os exemplos dramáticos de situação de violência em que se julga num idioma que a pessoa ou a comunidade de pessoas supostamente passíveis da lei não compreendem, às vezes não muito bem, às vezes absolutamente nada. E, por mais leve e sutil que seja aqui a diferença de competência no domínio do idioma, a violência de uma injustiça começa quando todos os parceiros de uma comunidade não compartilham totalmente o mesmo idioma. Como essa situação ideal nunca é rigorosamente possível, já podemos extrair dela alguma conseqüência acerca daquilo que o título de nossa conferência chama de "possibilidade da justiça". A violência dessa injustiça, que consiste em julgar aqueles que não entendem o idioma no qual se pretende, como se diz em francês, que *justice est faite* [se fez justiça], não é uma violência qualquer, uma injustiça qualquer. Essa injustiça supõe que o outro, a vítima da injustiça de língua, por assim dizer, aquela que todas as outras supõem, seja capaz de uma língua em geral, seja um homem enquanto animal falante, no sentido que nós, os homens, damos a essa palavra de linguagem. Houve aliás um tempo, nem longínquo nem terminado, em que "nós os homens 'queria dizer' nós os europeus adultos machos brancos carnívoros e capazes de sacrifícios".

No espaço em que situo estas considerações, ou reconstituo este discurso, não se falará de injustiça ou de violência com relação a um animal, e ainda menos com relação a um vegetal ou a uma pedra. Podemos fazer sofrer um animal, e nunca se dirá, no sentido dito próprio, que ele é um sujeito lesado, a vítima de um crime, de um assassinato, de um estupro ou de um roubo, de um perjúrio – e isto é verdade *a fortiori*, segundo se pensa, para aquilo que chamamos de vegetal ou de mineral, ou para as espécies intermediárias, como a esponja. Houve, há ainda, na espécie humana, muitos "sujeitos" que não são reconhecidos como sujeitos, e recebem esse tratamento do animal (é toda a história inacabada à qual eu fazia breve alusão há pouco). O que se chama confusamente de animal, portanto o ser vivo como tal e sem mais, não é um sujeito da lei e do direito. A oposição do justo ao injusto não tem nenhum sentido no que lhe concerne. Quer se trate de processos de animais (já houve) ou de demandas judiciais contra aqueles que infligem certos sofrimentos aos animais (certas legislações ocidentais o prevêem, e falam não apenas dos direitos do homem, mas do direito do animal em geral), trata-se ou de arcaísmos ou de fenômenos ainda marginais e raros, não constitutivos de nossa cultura. Em *nossa* cultura, o sacrifício carnívoro é fundamental, dominante, regulado segundo a mais alta tecnologia industrial, assim como a experimentação biológica sobre o animal – tão vital para nossa modernidade. Como tentei mostrar em outro lugar[14], o sacrifício carnívoro é essencial para a estrutura da subjetividade, isto é, também para o fundamento do sujeito intencional e, se não da lei, pelo menos do direito, a diferença entre a lei e o direito, a justiça e o direito, a justiça e a lei permanecendo aqui aberta sobre um abismo. Não me aproximo dessas questões por enquanto, nem trato da afinidade entre o sacrifício carnívoro, no fundamento de nossa cultura e de nosso direito, e todos os canibalismos, simbólicos ou não, que estruturam a intersubjetividade no aleitamento, no amor, no luto e, na verdade, todas as apropriações simbólicas ou lingüísticas.

Se quisermos falar de injustiça, de violência ou de desrespeito com relação ao que chamamos, ainda tão confusamente, de animal – a questão é mais atual do que nunca (e incluo nela, portanto, a título de desconstrução, um conjunto de questões sobre o carnofalogocentrismo), é preciso reconsiderar a totalidade da axiomática metafísico-antropocêntrica que domina, no Ocidente, o pensamento do justo e do injusto.

---

14. Sobre a animalidade, ver *De l'esprit, Heidegger et la question*, Galilée, 1987. Quanto ao sacrifício e à cultura carnívora, "Il faut bien manger – ou le calcul du sujet", in *Points de suspension*, Galilée, 1992.

Entrevemos, desde este primeiríssimo passo, uma primeira conseqüência: ao desconstruir as repartições que instituem o sujeito humano (de preferência e paradigmaticamente o macho adulto, mais do que a mulher, a criança ou o animal), como medida do justo e do injusto, não se conduz necessariamente à injustiça nem ao apagamento de uma oposição entre o justo e o injusto, mas talvez, em nome de uma exigência mais insaciável de justiça, à reinterpretação de todo o aparelho de limites nos quais uma história e uma cultura puderam confinar sua criteriologia. Na hipótese que avento superficialmente, por enquanto, o que se chama correntemente de desconstrução não corresponderia de nenhum modo, segundo a confusão que alguns têm interesse em espalhar, a uma abdicação quase niilista diante da questão ético-político-jurídica da justiça e diante da oposição do justo ao injusto, mas a um duplo movimento que eu assim esquematizaria:

1. O sentido de uma responsabilidade sem limites, portanto necessariamente excessiva, incalculável, diante da memória; e, por conseguinte, a tarefa de lembrar a história, a origem e o sentido, isto é, os limites dos conceitos de justiça, de lei e de direito, dos valores, normas, prescrições que ali se impuseram e se sedimentaram, permanecendo, desde então, mais ou menos legíveis ou pressupostos. Quanto ao que nos foi legado sob o nome de justiça, e em mais de uma língua, a *tarefa* de uma memória histó-

rica e interpretativa está no cerne da desconstrução. Não é apenas uma tarefa filológico-etimológica, ou uma tarefa de historiador, mas a responsabilidade diante de uma herança que é, ao mesmo tempo, a herança de um imperativo ou de um feixe de injunções. A desconstrução já está *empenhada, comprometida* com essa exigência de justiça infinita, que pode tomar o aspecto daquela "mística" de que falei há pouco. É preciso ser justo com a justiça, e a primeira justiça a fazer-lhe é ouvi-la, tentar compreender de onde ela vem, o que ela quer de nós, sabendo que ela o faz através de idiomas singulares (*Díke, Jus, justitia, justice, Gerechtigkeit*, para nos limitar a idiomas europeus que seria talvez igualmente necessário delimitar com relação a outros: a isto voltaremos). É preciso também saber que essa justiça se endereça sempre a singularidades, à singularidade do outro, apesar ou mesmo em razão de sua pretensão à universalidade. Por conseguinte, nunca ceder a esse respeito, manter sempre vivo um questionamento sobre a origem, os fundamentos e os limites de nosso aparelho conceitual, teórico ou normativo em torno da justiça é, do ponto de vista de uma desconstrução rigorosa, tudo salvo uma neutralização do interesse pela justiça, uma insensibilidade à justiça. Pelo contrário, é um aumento hiperbólico na exigência de justiça, a sensibilidade a uma espécie de desproporção essencial que deve inscrever, nela, o excesso e a inadequação. Isso leva a denunciar não apenas limites teóricos mas também injustiças concretas, com efeitos mais sensíveis, na boa consciência que se detém dogmaticamente em tal ou qual determinação herdada da justiça.

2. Essa responsabilidade diante da memória é uma responsabilidade diante do próprio conceito de responsabilidade que regula a justiça e a justeza de nossos comportamentos, de nossas decisões teóricas, práticas, ético-políticas. Esse conceito de responsabilidade é inseparável de toda uma rede de conceitos conexos (propriedade, intencionalidade, vontade, liberdade, consciência, consciência de si, sujeito, eu, pessoa, comunidade, decisão etc.). Toda desconstrução dessa rede de conceitos, em seu estado atual ou dominante, pode assemelhar-se a uma irresponsabilização, quando, pelo contrário, é a um acréscimo de responsabilidade que a desconstrução faz apelo. Mas, no momento em que o crédito de um axioma é suspenso pela desconstrução, naquele momento estruturalmente necessário, pode-se sempre acreditar que já não há lugar para a justiça, nem para a própria justiça, nem para o interesse teórico que se orienta para os problemas da justiça. É um momento de suspensão, aquele tempo da *epokhé* sem o qual, com efeito, não há desconstrução possível. Não é um simples momento: sua possibilidade deve permanecer estruturalmente presente no exercício de toda responsabilidade, se considerarmos que esta não deve jamais abandonar-se ao sono dogmático, e assim renegar a si mesma. Desde então, aquele mo-

mento transborda. Torna-se, então, ainda mais angustiante. Mas quem pretenderá ser justo poupando-se da angústia? Aquele momento de suspensão angustiante abre, assim, o intervalo do espaçamento em que as transformações, ou as revoluções jurídico-políticas, acontecem. Ele só pode ser motivado, só pode encontrar seu movimento e seu elã (um elã que, por sua vez, não pode ser suspenso) na exigência de um aumento ou de um suplemento de justiça, portanto na experiência de uma inadequação ou de uma incalculável desproporção. Pois, afinal, onde a desconstrução encontraria sua força, seu movimento ou sua motivação, senão nesse apelo sempre insatisfeito, para além das determinações dadas daquilo que chamamos, em contextos determinados, de justiça, de possibilidade da justiça?

É ainda preciso interpretar essa desproporção. Se eu dizia que não conheço nada mais justo do que aquilo que chamo hoje de desconstrução (nada mais justo, não digo nada mais legal ou mais legítimo), sei que não deixarei de surpreender ou de chocar – e não apenas determinados adversários da dita desconstrução, ou daquilo que eles imaginam sob esse nome, mas até mesmo aqueles que são considerados ou se consideram seus partidários e praticantes. Portanto, não o direi, pelo menos dessa forma, não diretamente e sem a precaução de alguns rodeios.

Como se sabe, em numerosos países, no passado como ainda hoje, uma das violências fundadoras da lei ou da imposição do direito estatal consistiu em impor uma língua a minorias nacionais ou étnicas reagrupadas pelo Estado. Foi o caso na França, pelo menos duas vezes, primeiro quando o decreto de Villers-Cotteret consolidou a unidade do Estado monárquico, impondo o francês como língua jurídico-administrativa e proibindo o latim, língua do direito e da Igreja, até que se permitisse a todos os habitantes do reino deixarem-se representar numa língua comum, através de um advogado intérprete, sem deixar que se lhes impusesse aquela língua particular que ainda era o francês. É verdade que o latim já carregava uma violência. A passagem do latim ao francês marcou apenas a transição de uma violência a outra. O segundo grande momento da imposição foi o da Revolução Francesa, quando a unificação lingüística adotou por vezes as formas pedagógicas mais repressivas, pelo menos as mais autoritárias. Não vou embrenhar-me na história desses exemplos. Poderíamos encontrar outros, nos Estados Unidos, ontem e hoje. O problema lingüístico existe ainda e será, por muito tempo, agudo, precisamente naquele lugar onde as questões da política, da educação e do direito são inseparáveis.

Vamos agora diretamente, sem o menor desvio pela memória histórica, em direção ao enunciado formal, abstrato, de algumas aporias, aquelas nas quais, entre o direito e a justiça, a desconstrução encontra seu lugar, ou melhor, sua instabilidade privilegiada. Em geral, a desconstrução se pratica segundo dois estilos que, o mais das vezes, ela enxerta um no outro. Um deles assume o aspecto demonstrativo e aparentemente não-histórico dos paradoxos lógico-formais. O outro, mais histórico ou mais anamnésico, parece proceder por leituras de textos, interpretações minuciosas e genealógicas. Permitam-me praticar sucessivamente os dois exercícios.

Enuncio primeiro, secamente, diretamente; "endereço" as seguintes aporias. De fato, trata-se de um único potencial aporético que se distribui infinitamente. Tomarei apenas alguns exemplos. Eles suporão aqui, explicitarão ou produzirão acolá uma distinção entre a justiça e o direito, uma distinção difícil e instável entre, de um lado, a justiça (infinita, incalculável, rebelde às regras, estranha à simetria, heterogênea e heterotrópica) e, do outro lado, o exercício da justiça como direito, legitimidade ou legalidade, dispositivo estabilizável, estatutário e calculável, sistema de prescrições regulamentadas e codificadas. Eu seria tentado, até certo ponto, a aproximar o conceito de justiça – que tendo a distinguir, aqui, do direito – daquele de Levinas. Eu o faria em razão daquela infinidade, justamente, ou da relação heteronômica a outrem, ao rosto de outrem que me comanda, cuja infinidade não posso tematizar e do qual sou refém. Em *Totalité et Infini*[15], Levinas escreve: "[...]

---

15. Emmanuel Levinas, *Totalité et Infini*, "Vérité et justice", Nijhof, 1962, p. 62.

a relação com outrem – isto é, a justiça" – justiça que ele define em outro lugar como "direiteza da acolhida feita ao rosto"[16]. A direiteza não se resume ao direito, claro, nem ao "endereço", nem à "direção" de que estamos falando há alguns momentos, embora os dois valores tenham alguma relação, a relação comum que mantêm com certa retidão.

Levinas fala de um direito infinito: naquilo que ele chama de "humanismo judaico", cuja base não é "o conceito de homem", mas o de outrem: "a extensão do direito de outrem" é a de "um direito praticamente infinito"[17]. A eqüidade, aqui, não é a igualdade, a proporcionalidade calculada, a distribuição eqüitativa ou a justiça distributiva, mas a dessimetria absoluta. E a noção levinassiana de justiça se aproximaria mais do equivalente hebreu daquilo que traduziríamos, talvez, por santidade. Mas, como tratarei de outras questões relativas a esse discurso difícil de Levinas, não posso contentar-me aqui em tomar-lhe de empréstimo um traço conceitual, sem correr o risco de confusões ou de analogias.

Tudo seria ainda simples se essa distinção entre justiça e direito fosse uma verdadeira distinção, uma oposição cujo funcionamento permanecesse logicamente regulado e dominável. Mas acontece que o

---

16. *Ibid*, p. 54.
17. Emmanuel Levinas, "Un droit infini", in *Du Sacré au Saint. Cinq nouvelles lectures talmudiques*, Minuit, 1977, pp. 17-8.

direito pretende exercer-se em nome da justiça, e que a justiça exige ser instalada num direito que deve ser posto em ação (constituído e aplicado – pela força, "*enforced*"). A desconstrução se encontra e se desloca sempre entre ambos.

Eis alguns exemplos de aporias.

1. Primeira aporia: a *epokhé* da regra

Nosso axioma mais comum é que, para ser justo – ou injusto, para exercer a justiça – ou violá-la, devo ser livre e responsável por minha ação, por meu comportamento, por meu pensamento, por minha decisão. Não se pode dizer de um ser desprovido de liberdade, ou que, pelo menos, não é livre em tal ou tal ato, que sua decisão é justa ou injusta. Mas essa liberdade ou essa decisão do justo deve, para ser dita como tal, ser reconhecida como tal, seguir uma lei ou uma prescrição, uma regra. Nesse sentido, em sua própria autonomia, em sua liberdade de seguir ou de se dar a lei, ela deve poder ser da ordem do calculável ou do programável, por exemplo, como ato de eqüidade. Mas, se o ato consiste simplesmente em aplicar uma regra, desenvolver um programa ou efetuar um cálculo, ele será talvez legal, conforme ao direito, e talvez, por metáfora, justo, mas não poderemos dizer que a decisão foi justa. Simplesmente porque não houve, nesse caso, decisão.

Para ser justa, a decisão de um juiz, por exemplo, deve não apenas seguir uma regra de direito ou uma lei geral, mas deve assumi-la, aprová-la, confirmar seu valor, por um ato de interpretação reinstaurador, como se a lei não existisse anteriormente, como se o juiz a inventasse ele mesmo em cada caso. Cada exercício da justiça como direito só pode ser justo se for um "julgamento novamente fresco", por assim dizer, traduzindo assim livremente *"fresh judgment"*, esta expressão inglesa que colho no artigo "Force" de Stanley Fish, em Doing What Comes Naturally. O novo frescor, o caráter inicial desse julgamento inaugural pode repetir algo, ou melhor, deve ser conforme a uma lei preexistente, mas a interpretação re-instauradora, re-inventiva e livremente decisória do juiz responsável requer que sua "justiça" não consista apenas na conformidade, na atividade conservadora e reprodutora do julgamento. Em suma, para que uma decisão seja justa e responsável, é preciso que, em seu momento próprio, se houver um, ela seja ao mesmo tempo regrada e sem regra, conservadora da lei e suficientemente destruidora ou suspensiva da lei para dever reinventá-la em cada caso, re-justificá-la, reinventá-la pelo menos na reafirmação e na confirmação nova e livre de seu princípio. Cada caso é um caso, cada decisão é diferente e requer uma interpretação absolutamente única, que nenhuma regra existente ou codificada pode nem deve absolutamente garantir. Pelo menos, se ela a garante de modo seguro, então o juiz é uma máquina de calcular; o que às vezes acontece, o que acontece sempre em parte, segundo uma parasitagem irredutível pela mecânica ou pela técnica que introduz a iterabilidade necessária dos julgamentos; mas, nessa medida, não se dirá do juiz que ele é puramente justo, livre e responsável. Mas também não o diremos se ele não se referir a nenhum direito, a nenhuma regra ou se, por não considerar nenhuma regra como dada para além de sua interpretação, ele suspender sua decisão, deter-se no indecidível ou então improvisar, fora de qualquer regra e de qualquer princípio. Desse paradoxo decorre que em nenhum momento podemos dizer *presentemente* que uma decisão é justa, puramente justa (isto é, livre e responsável), nem dizer de alguém que ele *é* um justo e, ainda menos, que "*eu* sou justo". No lugar de "justo", podemos dizer legal ou legítimo, em conformidade com um direito, regras ou convenções autorizando um cálculo, mas com um direito cuja autoridade fundadora apenas faz recuar o problema da justiça. Pois no fundamento ou na instituição desse direito o mesmo problema da justiça se colocará, violentamente resolvido, isto é, enterrado, dissimulado, recalcado. O melhor paradigma é, aqui, a fundação dos Estados-Nações, ou o ato instituinte de uma constituição que instaura o que se chama, em francês, o *état de droit* [estado de direito].

2. Segunda aporia: a assombração do indecidível

Nenhuma justiça se exerce, nenhuma justiça é feita, nenhuma justiça se torna efetiva nem se determina na forma do direito, sem uma decisão indiscutível. Essa decisão de justiça não consiste apenas em sua forma final, por exemplo, uma sanção penal, eqüitativa ou não, na ordem da justiça proporcional ou distributiva. Ela começa, deveria começar, em direito e em princípio, na iniciativa que consiste em tomar conhecimento, ler, compreender, interpretar a regra, e até mesmo calculá-la. Pois, se o cálculo é o cálculo, a *decisão de calcular* não é da ordem do calculável, e não deve sê-lo.

Associa-se freqüentemente o tema da indecidibilidade à desconstrução. Ora, o indecidível não é apenas a oscilação entre duas significações ou duas regras contraditórias e muito determinadas, mas igualmente imperativas (por exemplo, aqui, o respeito ao direito universal e à eqüidade, mas também à singularidade sempre heterogênea e única do exemplo não-subsumível). O indecidível não é somente a oscilação ou a tensão entre duas decisões. Indecidível é a experiência daquilo que, estranho, heterogêneo à ordem do calculável e da regra, *deve* entretanto – é de *dever* que é preciso falar – entregar-se à decisão impossível, levando em conta o direito e a regra. Uma decisão que não enfrentasse a prova do indecidível não seria uma decisão livre, seria apenas a aplicação programável ou o desenvolvimento contínuo de um processo calculável. Ela seria, talvez, legal, mas não seria justa. Mas, no momento de suspense do indecidível, ela também não é justa, pois somente uma decisão é justa. Para sustentar esse enunciado – "somente uma decisão é justa" – não precisamos referir a decisão à estrutura de um sujeito ou à forma proposicional de um juízo. De certa maneira, poderíamos mesmo dizer, correndo o risco de chocar, que um sujeito nunca pode decidir nada: ele é mesmo aquilo a *que* uma decisão só pode acontecer como um acidente periférico, que não afeta a identidade essencial e a presença substancial a si mesmo que fazem de um sujeito um sujeito – se a escolha dessa palavra não é arbitrária, ao menos, e se nos fiamos naquilo que nossa cultura, de fato, sempre requer de um sujeito.

Uma vez passada a prova da indecidibilidade (se isso é possível, mas essa possibilidade não é pura, nunca é uma possibilidade como qualquer outra: a memória da indecidibilidade deve conservar um rastro vivo que marque, para sempre, uma decisão como tal), ela já seguiu novamente uma regra, uma regra dada, inventada ou reinventada, reafirmada: ela já não é *presentemente* justa, *plenamente* justa. Em nenhum momento uma decisão parece poder ser dita presente e plenamente justa. É por isso que a prova da indecidibilidade, que como foi dito deve ser atravessada por qualquer decisão digna desse nome, nunca é passada ou ultrapassada, não é um momento superado ou relevado (*aufgehoben*) da decisão. O indecidível permanece preso, alojado, ao menos como um fantasma, mas um fantasma essencial em qualquer decisão, em qualquer acontecimento de decisão. Sua fantasmaticidade desconstrói do interior toda garantia de presença, toda certeza ou toda pretensa criteriologia que nos garanta a justiça de uma decisão. Quem poderá jamais garantir que uma decisão, como tal, ocorreu? Que, segundo algum desvio, ela não seguiu uma causa, um cálculo, uma regra, sem mesmo aquele imperceptível suspense que decide livremente acerca da aplicação ou não de uma regra?

Uma axiomática subjetal da responsabilidade, da consciência, da intencionalidade, da propriedade comanda o discurso jurídico atual e dominante: ela comanda também a categoria de decisão, até mesmo em seus recursos às perícias médicas; ora, essa axiomática é de uma fragilidade e de uma grosseria teórica que não preciso sublinhar aqui. Os efeitos dessa limitação não afetam apenas todo decisionismo (ingênuo ou elaborado); eles são concretos e suficientemente numerosos para que possamos dispensar exemplos. O dogmatismo obscuro que marca o discurso sobre a responsabilidade de um réu, seu estado mental, o caráter passional, premeditado ou não, de um crime, os incríveis depoimentos de testemunhas e "experts" acerca desses itens bastariam para atestar, na verdade para provar, que nenhum rigor crítico ou criteriológico, nenhum saber são acessíveis a esse respeito.

Esta segunda aporia – esta segunda forma da mesma aporia – já o confirma: se há desconstrução de toda presunção à certeza determinante de uma justiça presente, ela mesma opera a partir de uma "idéia de justiça" infinita, infinita porque irredutível, irredutível porque devida ao outro – devida ao outro, antes de qualquer contrato, porque ela *é vinda*, a vinda do outro como singularidade sempre outra. Invencível por qualquer ceticismo, como podemos dizer à maneira de Pascal, essa "idéia da justiça" parece indestrutível em seu caráter afirmativo, em sua exigência de dom sem troca, sem circulação, sem reconhecimento, sem círculo econômico, sem cálculo e sem regra, sem razão ou sem racionalidade teórica, no sentido da dominação reguladora. Podemos pois aí reconhecer ou aí acusar uma loucura. E talvez uma outra espécie de mística. E a desconstrução é louca por essa justiça. Louca por esse desejo de justiça. Essa justiça, que não é o direito, é o próprio movimento da desconstrução agindo no direito e na história do direito, na história política e na história *tout court*, antes mesmo de se apresentar como o discurso que se intitula, na academia ou na cultura de nosso tempo – o "desconstrucionismo".

Eu hesitaria em assimilar apressadamente essa "idéia da justiça" a uma idéia reguladora no sentido kantiano, a algum conteúdo de promessa messiânica (digo *conteúdo*, e não forma, porque toda forma messiânica, todo messianismo jamais está ausente de uma promessa, qualquer que ela seja) ou a outros horizontes do mesmo *tipo*. E falo somente de um *tipo*, daquele tipo de horizonte cujas espécies seriam numerosas e concorrentes. Concorrentes, isto é, bastante parecidas e pretendendo sempre ao privilégio absoluto e à irredutível singularidade. A singularidade do lugar histórico – que é talvez o nosso, que é em todo caso aquele a que me refiro obscuramente aqui – permite-nos entrever o próprio tipo, como a origem, a condição, a possibilidade ou a promessa de todas as suas exemplificações (messianismo ou figuras messiânicas determinadas, de tipo judaico, cristão ou islâmico, idéia no sentido kantiano, escato-teleológico de tipo neo-hegeliano, marxista ou pós-marxista etc.). Ele nos permite também perceber e conceber uma lei da concorrência irredutível, mas a partir de uma beirada onde a vertigem nos espreita no momento em que vemos somente exemplos, e onde alguns entre nós já não se sentem empenhados na concorrência: outro modo de dizer que sempre corremos o risco (falo aqui pelo menos por mim) de já não estarmos, como se diz em francês, *"dans la course"* [na corrida]. Mas não estar "na corrida" no interior de uma aléia, isso não permite que se fique no ponto de partida, ou que se seja apenas espectador, longe disso, pelo contrário. É talvez, como também se diz em francês, isso mesmo que *"fait courir"* [faz correr], com mais força e mais depressa, por exemplo a desconstrução.

3. Terceira aporia: a urgência que barra o horizonte do saber

Uma das razões pelas quais mantenho aqui uma reserva com relação a todos os horizontes, por exemplo o da idéia reguladora kantiana ou do advento messiânico, pelo menos em sua interpretação convencional, é que são justamente *horizontes*. Um horizonte, como seu nome indica em grego, é ao mesmo tempo a abertura e o limite da abertura, que define ou um progresso infinito, ou uma espera.

Ora, a justiça, por mais inapresentável que permaneça, não espera. Ela é aquilo que não deve esperar. Para ser direto, simples e breve, digamos isto: uma decisão justa é sempre requerida *imediatamente*, de pronto, o mais rápido possível. Ela não pode se permitir a informação infinita e buscar o saber sem limite das condições, das regras ou dos imperativos hipotéticos que poderiam justificá-la. E mesmo que ela dispusesse de tudo isso, mesmo que ela se desse tempo, todo o tempo e todos os saberes necessários a esse respeito, pois bem, o momento da *decisão*, *como tal*, aquele que deve ser justo, *precisa* ser sempre um momento finito de urgência e de precipitação; ele não deve ser a conseqüência ou o efeito daquele saber teórico ou histórico, daquela reflexão ou daquela deliberação, já que a decisão marca sempre a interrupção da deliberação jurídico- ou ético- ou político-cognitiva que a precede, e que *deve* precedê-la. O instante da decisão é uma loucura, diz Kierkegaard. Isso é particularmente verdadeiro com respeito ao instante da decisão *justa*, que deve também rasgar o tempo e desafiar as dialéticas. É uma loucura. Uma loucura, pois tal decisão é, ao mesmo tempo, superativa *e* sofrida, conservando algo de passivo ou de inconsciente, como se aquele que decide só tivesse a liberdade de se deixar afetar por sua própria decisão e como se ela lhe viesse do outro. As conseqüências de tal heteronomia parecem temíveis, mas seria injusto eludir sua necessidade. Mesmo que o tempo e a prudência, a paciência do saber e o domínio das condições fossem, por hipótese, ilimitados, a decisão seria estruturalmente finita, por mais tarde que chegue, decisão de urgência e de precipitação, agindo na noite do não-saber e da não-regra. Não da ausência de regra e de saber, mas de uma re-instituição da regra que, por definição, não é precedida de nenhum saber e de nenhuma garantia como tal. Se nos fiássemos numa distinção maciça e nítida do performativo e do constativo – problema no qual não quero empenhar-me aqui –, deveríamos atribuir essa irredutibilidade da urgência que precipita, essa irredutibilidade profunda da irreflexão e da inconsciência, por mais inteligente que ela seja, à estrutura performativa dos "atos de linguagem" e dos atos *tout courts* como atos de justiça ou de direito, quer tais performativos tenham um valor institutivo, quer sejam derivados e suponham convenções anteriores. E é verdade que todo performativo corrente supõe, para ser eficaz, uma convenção anterior. Já um constativo, este pode ser justo no sentido da justeza, jamais no sentido da justiça. Mas como um performativo só pode ser justo, no sentido da justiça, se fundamentado em convenções e, portanto, em outros performativos, escondidos ou não, ele conserva sempre em si alguma violência eruptiva. Ele já não responde às exigências da racionalidade teórica. E nunca o fez, nunca pôde fazê-lo, temos disso uma certeza *a priori* e estrutural. Como todo enunciado constativo se apóia ele mesmo numa estrutura performativa pelo menos implícita ("digo que te falo, dirijo-me a ti para dizer-te que isto é verdade, que é assim, prometo-te ou renovo a promessa de fazer uma frase e de assinar o que digo quando digo que te digo ou tento dizer-te a verdade" etc.), a dimensão de justeza ou de verdade dos enunciados teórico-constativos (em todos os domínios, em particular no domínio da teoria do direito) pressupõe sempre a dimensão de justiça dos enunciados performativos, isto é, sua precipitação essencial. Esta nunca deixa de ter certa dessimetria e certa qualidade de violência. É assim que eu seria tentado a ouvir a proposta de Levinas, que, numa linguagem muito diversa e segundo um procedimento discursivo bem diferente, declara que "a verdade supõe a justiça"[18]. Parodiando perigosamente o idioma francês, acabaríamos por dizer: *"La justice, il n'y a que ça de vrai"* [A justiça é a única coisa verdadeira]. Isso tem conseqüências, é inútil sublinhar, quanto ao estatuto, se ainda se pode assim dizer, da verdade, daquela verdade acerca da qual Santo Agostinho lembra que é preciso *fazê-la*.

Paradoxalmente, é por causa desse transbordamento do performativo, por causa desse adiantamento sempre excessivo da interpretação, por causa dessa urgência e dessa precipitação estrutural da justiça que esta não tem horizonte de expectativa (reguladora ou messiânica). Mas, por isso mesmo, ela *talvez* tenha um futuro, justamente, um *por-vir* que precisamos distinguir rigorosamente do futuro. Este perde a abertura, a vinda do outro (que vem) sem o qual não há justiça; e o futuro pode sempre reproduzir o presente, anunciar-se ou apresentar-se como um presente futuro na forma modificada do presente. A justiça permanece *porvir*, ela *tem* porvir, ela *é* por-vir, ela abre a própria dimensão de acontecimentos irredutivelmente porvir. Ela o terá sempre, esse porvir, e ela o terá sempre tido. *Talvez* seja por isso que a justiça, na medida em que ela não é somente um

---

18. Emmanuel Levinas, "Vérité et justice" in *Totalité et Infini, op. cit.*, p. 62.

conceito jurídico ou político, abre ao porvir a transformação, a refundição ou a refundação do direito e da política.

"Talvez", é preciso sempre dizer *talvez* quanto à justiça. Há um porvir para a justiça, e só há justiça na medida em que seja possível o acontecimento que, como acontecimento, excede ao cálculo, às regras, aos programas, às antecipações etc. A justiça, como experiência da alteridade absoluta, é inapresentável, mas é a chance do acontecimento e a condição da história. Uma história sem dúvida irreconhecível, claro, para aqueles que pensam saber do que falam quando usam essa palavra, quer se trate de história social, ideológica, política, jurídica etc.

Esse excesso da justiça sobre o direito e sobre o cálculo, esse transbordamento do inapresentável sobre o determinável, não pode e não deve servir de álibi para ausentar-se das lutas jurídico-políticas, no interior de uma instituição ou de um Estado, entre instituições e entre Estados. Abandonada a si mesma, a idéia incalculável e doadora da justiça está sempre mais perto do mal, ou do pior, pois ela pode sempre ser reapropriada pelo mais perverso dos cálculos. É sempre possível, e isso faz parte da loucura de que falávamos há pouco. Uma garantia absoluta contra esse risco só pode saturar ou suturar a abertura do apelo à justiça, um apelo sempre ferido. Mas a justiça incalculável *manda* calcular. E primeiramente no mais próximo daquilo a que associamos a justiça, isto é, o direito, o campo jurídico que não se pode isolar em fronteiras seguras, mas também em todos os campos de que não podemos separá-lo, que nele intervêm e que já não são somente campos: o ético, o político, o técnico, o econômico, o psicossociológico, o filosófico, o literário etc. Não apenas *é preciso* calcular, negociar a relação entre o calculável e o incalculável, e negociar sem regra que não esteja por reinventar ali onde estamos "jogados", ali onde nos encontramos; mas *é preciso* também fazê-lo tão longe quanto possível, para além do lugar em que nos encontramos e para além das zonas já identificáveis da moral, da política ou do direito, para além da distinção entre o nacional e o internacional, o público e o privado etc. A ordem desse *é preciso* não pertence *propriamente* nem à justiça nem ao direito. Ela só pertence a um dos dois espaços transbordando sobre o outro. O que significa que, em sua própria heterogeneidade, essas duas ordens são indissociáveis: de fato e de direito. A politização, por exemplo, é interminável, mesmo que ela não possa e não deva nunca ser total. Para que isso não seja um truísmo ou uma trivialidade, é necessário reconhecer a seguinte conseqüência: cada avanço da politização obriga a reconsiderar, portanto a reinterpretar, os próprios fundamentos do direito, tais como eles haviam sido previamente calculados ou delimitados. Isso aconteceu, por exemplo, com a Declaração dos Direitos do Homem, com a abolição da escravatura, em todas as lutas emancipadoras que permanecem ou deverão permanecer em curso, em qualquer parte do mundo, para os homens e para as mulheres. Nada me parece menos perempto do que o clássico ideal emancipador. Não se pode tentar desqualificá-lo hoje, de modo grosseiro ou sofisticado, sem pelo menos alguma leviandade e sem estabelecer as piores cumplicidades. É verdade que também é necessário, sem renunciar a esse ideal, pelo contrário, reelaborar o conceito de emancipação, de franqueamento ou de libertação, levando em conta as estranhas estruturas que descrevemos neste momento. Mas, para além dos territórios hoje identificáveis da jurídico-politização em grande escala geopolítica, para além de todos os desvios e arrazoados interesseiros, para além de todas as reapropriações determinadas e particulares do direito internacional, outras zonas devem abrir-se constantemente, que podem à primeira vista parecer zonas secundárias ou marginais. Essa marginalidade significa também que uma violência ou um terrorismo ou outras formas de seqüestro estão em ação. Os exemplos mais próximos de nós deveriam ser buscados nas leis sobre o ensino e a prática das línguas, a legitimação dos cânones, a utilização militar da pesquisa científica, o aborto, a eutanásia, os problemas de transplantes de órgãos, de nascimento extra-uterino, a bioengenharia, a experimentação médica, o "tratamento social" da Aids, as macro ou micropolíticas da droga, dos "sem-teto" etc., sem esquecer, é claro, o tratamento daquilo que chamamos de vida animal, a enorme questão dita da animalidade. Sobre este último problema, o texto de Benjamin que abordarei agora mostra bem que seu autor não foi surdo ou insensível a ele, mesmo que suas propostas a esse respeito permaneçam por vezes obscuras ou tradicionais.

II
PRENOME DE BENJAMIN

[Prolegômenos¹. *Com ou sem razão, pareceu-me que talvez não fosse inapropriado, na abertura de um encontro sobre "O nazismo e a solução final – Os limites da representação", interrogar um texto de Walter Benjamin, singularmente um ensaio escrito em 1921 e intitulado* Zur Kritik der Gewalt. *Decidi portanto propor-lhes uma leitura um pouco arriscada desse texto de Benjamin, por várias razões que parecem cruzar-se aqui.*

1. Esse texto inquieto, enigmático, terrivelmente equívoco, creio que como de antemão (mas podemos dizer aqui "de antemão"?) assombrado pelo tema da destruição radical, do extermínio, da aniquilação total; e, primeira-

---

1. Estes prolegômenos foram destinados a introduzir esta segunda parte do texto, que foi lida no dia 26 de abril de 1990, na abertura do colóquio realizado na Universidade da Califórnia, em Los Angeles, sobre "O nazismo e a 'solução final'. Os limites da representação".

mente, da aniquilação do direito, se não da justiça; e entre esses direitos os direitos do homem, pelo menos tal como eles podem ser interpretados numa tradição jusnaturalista de tipo grego ou de tipo da "Aufklärung". Digo propositalmente que esse texto é assombrado pelos temas da violência exterminadora porque ele é, antes de tudo, assombrado, como tentarei mostrar, pela própria assombração, por uma quase-lógica do fantasma que deveria substituir, por ser mais forte do que ela, uma lógica ontológica da presença, da ausência ou da re-presentação. Ora, eu me pergunto se uma comunidade que se reúne ou se recolhe para pensar o que há para ser pensado e recolhido dessa coisa sem nome que foi chamada de "solução final" não deve primeiramente mostrar-se hospitaleira para com a lei do fantasma, daquilo que não está nem morto nem vivo, daquilo que é mais do que morto e mais do que vivo, apenas sobrevivente, hospitaleira para com a lei da mais imperiosa das memórias, embora a mais apagada, a mais apagável, mas, por isso mesmo, a mais exigente.

Esse texto de Benjamin não é somente assinado por um pensador dito e que se diz de certa maneira judeu (e é do enigma dessa assinatura que eu gostaria de falar especialmente). Zur Kritik der Gewalt inscreve-se também numa perspectiva judaica que opõe a justa violência divina (judia), que destrói o direito, à violência mítica (da tradição grega), que instaura e conserva o direito.

2. A lógica profunda desse ensaio efetua uma interpretação da linguagem – da origem e da experiência da linguagem – segundo a qual o mal, isto é, o poder letal, vem à linguagem pela via, precisamente, da representação *(tema deste colóquio), isto é, pela dimensão* representativa, mediadora, portanto técnica, utilitária, semiótica, informativa, *todas elas potências que arrastam a linguagem e a arrastam na queda, fazem-na decair longe ou fora de sua destinação originária. Esta teria sido a apelação, a nominação, o dom ou o apelo da presença no nome. Perguntaremos como esse pensamento do nome se articula com a assombração e a lógica do espectro. Esse ensaio de Benjamin trata, pois, do acontecimento, daquele mal que vem à e da linguagem, pela representação; é também um ensaio no qual os conceitos de responsabilidade e de sacrifício, de decisão, de solução, de castigo ou de expiação têm um papel discreto mas sem dúvida maior, quase sempre associado ao valor equívoco do indecidível, do que é demoníaco e "demoniacamente ambíguo".*

3. Zur Kritik der Gewalt *não é apenas uma crítica da representação como perversão e queda da linguagem, mas da representação como sistema político da democracia formal e parlamentar. Desse ponto de vista, esse ensaio "revolucionário" (revolucionário num estilo ao mesmo tempo marxista e messiânico) pertence, em 1921, à grande vaga antiparlamentar e anti-"Aufklärung" sobre a qual o nazismo veio à superfície e até mesmo "surfou", nos anos 20 e no começo dos anos 30. Carl Schmitt, que Benjamin admirou e com o qual manteve uma correspondência, felicitou-o por esse ensaio.*

4. A questão tão poliédrica e polissêmica da representação se apresenta ainda de outro ângulo, nesse estranho ensaio. Começando por distinguir entre duas violências, a violência fundadora e a violência conservadora, Benjamin tem de conceder, em dado momento, que uma não pode ser tão radicalmente heterogênea à outra, já que a violência dita fundadora é por vezes "representada", e necessariamente repetida, no sentido forte da palavra, pela violência conservadora.

Por todas essas razões e segundo todos esses fios entrelaçados, aos quais voltarei, podemos fazer algumas perguntas. Elas estarão no horizonte de minha leitura, mesmo que eu não tenha aqui o tempo e os meios de explicitá-las. O que teria pensado Benjamin, ou, pelo menos, que pensamento de Benjamin está virtualmente formado ou articulado nesse ensaio (e será antecipável?) a respeito da "solução final"? De seu projeto, de sua realização, da experiência das vítimas, dos julgamentos, processos, interpretações, representações narrativas, explicativas, literárias com que se tentou medi-la? Como Benjamin teria falado delas? Como teria ele desejado que se falasse, que se representasse ou se proibisse de representar a "solução final"? De identificá-la, de lhe consignar os lugares, as origens, as responsabilidades (como filósofo, como juiz ou jurista, como moralista, como homem de fé, como poeta, como cineasta)? A multiplicidade tão singular dos códigos que se cruzam nesse texto, e para a isto nos limitarmos, o enxerto da linguagem da revolução marxista na da revolução messiânica, anunciando ambas *não apenas uma nova era histórica mas o próprio começo de uma verdadeira história desembaraçada do mito, tudo isso torna difíceis as hipóteses acerca de um discurso benjaminiano sobre a "solução final" e de um discurso benjaminiano sobre a possibilidade ou a impossibilidade de um discurso sobre a "solução final". Uma "solução final" acerca da qual seria imprudente dizer, com base nas datas objetivas da conferência de Wannsee em 1942 e do suicídio de Benjamin na fronteira franco-espanhola, em 1940, que ele não soube de nada. A cronologia de tais acontecimentos nunca será óbvia. E sempre encontraremos razões para sustentar a hipótese de que Benjamin, desde 1921, não pensava em outra coisa senão na possibilidade dessa solução final, que desafia tanto mais a ordem da representação porquanto, a seu ver, ela talvez dependesse do mal radical, da queda como queda da linguagem na representação. Muitos sinais levam a pensar, a confiar numa lógica constante de seu discurso, que, para Benjamin, depois daquela coisa irrepresentável que teria sido a "solução final", não somente o discurso e a literatura e a poesia não são impossíveis, mas seriam ditados, mais originariamente e mais escatologicamente do que nunca, pela volta ou pelo advento ainda prometido de uma língua dos nomes, de uma língua ou de uma poética da apelação, em oposição a uma língua dos signos, da representação informativa ou comunicativa.*

No final, ao cabo de uma leitura no decorrer da qual o horizonte do nazismo e da solução final só aparecerá através de sinais ou de relâmpagos anunciadores, e só será tratado de modo virtual, oblíquo ou elíptico, proporei algumas hipóteses sobre as maneiras como esse texto de 1921 pode ser lido hoje, depois do advento do nazismo e do acontecimento da "solução final".

Antes de propor uma interpretação desse texto singular e de articular algumas questões que lhe concernem mais de perto, devo ainda, nesta já demasiadamente longa introdução, dizer duas palavras acerca dos contextos nos quais comecei a ler esse ensaio, antes mesmo de pensar neste colóquio.

Esse contexto foi duplo e eu o definiria o mais esquematicamente possível, limitando-me aos traços que podem interessar-nos aqui, esta tarde, porque eles deixaram alguns rastros em minha leitura.

1. Houve primeiramente, no contexto de um seminário de três anos sobre "nacionalidades e nacionalismos filosóficos", uma longa seqüência de um ano, subintitulada Kant, o Judeu, o Alemão, *durante a qual, estudando a recorrência diversificada mas insistente da referência a Kant, ou a certo judaísmo de Kant, em todos aqueles que quiseram, de Wagner e Nietzsche a Adorno, responder à pergunta: "Was ist deutsch?", interessei-me muito por aquilo que chamei, então, de "psiquê" judaico-alemã, isto é, a lógica de certos fenômenos de especularidade perturbadora, ela mesma refletida em certas grandes figuras de pensadores e escritores judeus alemães deste século, Cohen, Buber, Rosenzweig, Scholem, Adorno, Arendt – e justamente Benjamin. Uma reflexão séria sobre o na-*

zismo e sobre a "solução final" não pode privar-se de uma análise corajosa, interminável e poliédrica da história e da estrutura dessa "psiquê" judaico-alemã. Entre outras coisas de que não posso falar aqui, estudamos algumas analogias, dentre as mais equívocas e por vezes mais inquietantes, entre os discursos de certos "grandes" pensadores alemães não-judeus e certos "grandes" pensadores judeus alemães: certo patriotismo, freqüentemente um nacionalismo, por vezes mesmo um militarismo alemão (durante e depois da primeira guerra) não eram a única analogia, longe disso, por exemplo, em Cohen ou Rosenzweig e naquele judeu convertido que foi Husserl. É nesse contexto que certas afinidades, limitadas mas determináveis, entre esse texto de Benjamin e certos textos de Carl Schmitt, ou de Heidegger, pareceram-me merecedoras de uma interrogação séria. Não apenas em razão da hostilidade à democracia parlamentar, ou à democracia tout court, *não apenas em razão da hostilidade à* Aufklärung, *de certa interpretação do* pólemos, *da guerra, da violência e da linguagem, mas também em razão de uma temática da "destruição", muito em voga naquela época. Embora a* Destruktion *heideggeriana não se confunda com o conceito de "Destruição" que esteve também no centro do pensamento benjaminiano, podemos nos perguntar o que significa, o que prepara ou antecipa, entre as duas guerras, uma temática tão obsessiva, ainda mais que, em todos os casos, essa destruição quer ser também a condição de uma tradição e de uma memória autêntica.*

2. *Outro contexto: por ocasião de um colóquio recente, realizado na Law School de Cardozo Yeshiva University of New York, intitulado "Deconstruction and the Possibility of Justice", eu havia começado, depois de um longo discurso sobre as relações entre desconstrução e justiça, a examinar de outro ângulo esse texto de Benjamin, para nele seguir, justamente, e com a maior prudência possível, uma trajetória desconcertante. Esta é aporética, mas produz também acontecimentos estranhos em sua própria aporia, como uma espécie de autodestruição, se não de suicídio do texto, que só deixa aparecer como herança a violência de sua assinatura. As últimas palavras, a última frase desse texto consagrado à noção dificilmente traduzível de* Gewalt *("violência", mas também "força legítima", violência autorizada, poder legal, como quando se fala de* Staatsgewalt, *o poder do Estado), ressoam como o chofar* ao entardecer ou na véspera de uma oração que não se ouve mais ou ainda não. E esse último endereçamento não apenas assina, bem perto do prenome de Benjamin, Walter; mas no fim de um texto que se empenha em desconstruir e desqualificar todas as oposições que colocou de modo crítico (principalmente a do decidível e do indecidível, do julgamento teórico e da ação revolucionária, da violência fundadora e da violência conservadora no interior do próprio direito mitológico oposto à justa violência divina etc.), no fim de um texto do qual não resta nenhum outro conteúdo (teórico, filosófico*

---

* Trombeta de chifre de carneiro referida numerosas vezes na *Bíblia*. (N. da T.)

ou semântico), talvez nem mesmo algum conteúdo "traduzível" fora da singularidade de seu próprio evento, fora de sua própria ruína, uma última frase, uma frase escatológica nomeia a assinatura e o selo, nomeia o nome e aquilo que se chama "die waltende". *Esse "jogo" entre* walten *e* Walter *não pode ocasionar nenhuma demonstração e nenhuma certeza. Este é, aliás, o paradoxo de sua força "demonstrativa": essa força decorre da dissociação do cognitivo e do performativo. Mas esse "jogo" nada tem de lúdico. Pois sabemos, por outro lado, que Benjamin se interessou muito, principalmente no ensaio* As afinidades eletivas de Goethe, *pelas coincidências aleatórias mas significantes que acontecem nos nomes próprios.*

Mas saberemos, algum dia, quem assina a violência? Não é Deus, o Todo outro? Como sempre, não é o outro que assina? Não é a "violência divina" que terá sempre precedido, mas também dado todos os prenomes, dando somente ao homem o poder de nomear? Eis as últimas palavras desse texto estranho: "A violência divina (die göttliche Gewalt), *que é insígnia e selo* (Insignium und Siegel), *jamais meio de execução sagrada, pode ser chamada de soberana* (mag die waltende heissen)."

Como ler esse texto segundo um gesto "desconstrutor" que não seja, agora como nunca o foi, nem heideggeriano, nem benjaminiano, eis em suma a pergunta difícil e obscura que esta leitura desejaria arriscar.]

Se não esgotei a paciência dos ouvintes, abordemos agora, em outro estilo, em outro ritmo, a leitura prometida de um texto breve e desconcertante de Benjamin. Trata-se de *Zur Kritik der Gewalt*[2] (1921). Não ousaremos dizer que esse texto é *exemplar*. Estamos aqui num domínio em que só há, finalmente, exemplos singulares. Nada é absolutamente exemplar. Não tentarei justificar, de modo absoluto, a escolha desse texto. Mas nem por isso ele é o pior exemplo, num contexto relativamente determinado, como o nosso.

1. A análise de Benjamin reflete a crise do modelo europeu da democracia burguesa, liberal e parlamentar, e portanto do conceito de direito dele inseparável. A Alemanha da derrota é então um lugar de concentração extrema para essa crise, cuja originalidade reside também em certos traços modernos, como o direito à greve, o conceito de greve geral (com ou sem referência a Sorel). É também o momento seguinte de uma guerra e de uma anteguerra que viu o desenvolvimento mas também o malogro, na Europa, do discurso pacifista, do antimilitarismo, da crítica da violência, até mesmo da violência jurídico-policial, o que não tardará a repetir-se nos anos se-

---

2. Publicado primeiramente em *Archiv für Sozialwissenschaft und Sozialpolitik*, 1921, retomado em *Gesammelte Schriften*, 11.1 t. IV, Suhrkamp, 1977, trad. fr. de M. de Gandillac, "Pour une critique de la violence", in Walter Benjamin, *Mythe et Violence*, Denoël, 1971, retomado em *L'Homme, le langage et la culture*, Bibliothèque Médiations, Denoël Gonthier, 1974. Referimo-nos a esta última edição para a tradução (às vezes com ligeiras modificações, e apenas em razão de nosso propósito).

guintes. É também o momento em que as questões da pena de morte e do direito de punir em geral se apresentam com dolorosa atualidade. Em razão do aparecimento de novos poderes midiáticos, como o rádio, a mutação das estruturas da opinião pública começa a questionar aquele modelo liberal da discussão ou da deliberação parlamentar na produção das leis etc. São essas condições que motivam os pensamentos de juristas alemães como Carl Schmitt, para citar apenas este – e porque Benjamin tinha por ele grande respeito, e não escondia uma dívida que tinha para com ele, dívida que o próprio Schmitt não hesitava ocasionalmente em lembrar. Foi *Zur Kritik der Gewalt*, aliás, que valeu a Benjamin, logo após a publicação, uma carta de felicitações do grande jurista conservador católico, ainda constitucionalista na época, mas do qual se conhecem a estranha conversão ao hitlerismo, em 1933, e a correspondência que manterá com Benjamin, com Leo Strauss e com Heidegger, entre outros. Portanto, esses índices históricos também me interessaram. Por exemplo, esse texto é ao mesmo tempo "místico", no sentido sobredeterminado que aqui nos interessa, e hipercrítico, o que está longe de ser simplesmente contraditório. Por certos traços, ele pode ser lido como um enxerto de mística neomessiânica judaica sobre um neomarxismo pós-soreliano (ou o inverso). Quanto às analogias entre *Zur Kritik der Gewalt* e certos aspectos do pensamento heideggeriano, elas não escaparão a ninguém, sobretudo no que concerne aos conceitos de *Walten* e de *Gewalt*. *Zur Kritik der Gewalt* conclui com o tema da violência divina (*göttliche Gewalt*) e Walter diz, para terminar, que essa violência divina pode ser chamada, nomeada, *die waltende (Die göttliche Gewalt [...] mag die waltende heissen)*. As últimas palavras do texto são *"die waltende heissen"*, como o selo discreto e o prenome de sua assinatura.

É essa rede histórica de contratos equívocos que me interessa, em sua necessidade e em seus próprios perigos. Nas democracias ocidentais de 1989, com trabalho e certo número de precauções, algumas lições ainda podem dela ser tiradas.

2. Esse texto me pareceu exemplar, até certo ponto, na medida em que, levando-se em conta a temática de nosso colóquio, ele se presta a um exercício de leitura desconstrutiva, o que vou tentar mostrar.

3. Mas essa desconstrução não *se aplica* a tal texto. Ela nunca se aplica, aliás, a nada de exterior. Ela é, de certa forma, a operação, ou melhor, a própria experiência que esse texto, ao que me parece, faz primeiramente ele mesmo, de si mesmo, sobre si mesmo.

O que quer dizer isso? Será possível? O que resta, então, de tal evento? De sua auto-hetero-desconstrução? De seu justo e injusto inacabamento? O que é a ruína de tal evento, ou a ferida aberta de tal assinatura? Eis uma de minhas perguntas. É uma pergunta sobre a própria possibilidade da desconstrução. Sobre sua impossível possibilidade[3].

A demonstração de Benjamin concerne, portanto, à questão do direito (*Recht*). Ela quer até mesmo inaugurar, poderemos dizê-lo daqui a pouco com todo rigor, uma "filosofia do direito". E esta parece organizar-se em torno de uma série de distinções todas interessantes, provocadoras, necessárias até certo ponto mas, a meu ver, radicalmente problemáticas.

1. Há, primeiramente, a distinção entre duas violências do direito, duas violências relativas ao direito: a violência fundadora, aquela que institui e instaura o direito (*die rechtsetzende Gewalt*) e a violência conservadora, aquela que mantém, confirma, assegura a permanência e a aplicabilidade do direito (*die rechtserhaltende Gewalt*). Por comodidade, continuaremos a traduzir *Gewalt* por violência, mas já disse que essa tradução exige precauções. *Gewalt* pode significar também o domínio ou a soberania do poder legal, a autoridade autorizante ou autorizada: a força de lei.

---

3. Esquematizo aqui um tema longamente desenvolvido alhures. Cf., por exemplo, *Psyché, Inventions de l'autre*, Galilée, 1987, pp. 26-7 ("A desconstrução jamais se apresentou como algo possível. [...] ela nada perde ao confessar-se impossível [...]. O perigo para uma tarefa de desconstrução seria antes a *possibilidade*, e tornar-se um conjunto disponível de procedimentos regrados, práticas metódicas, caminhos acessíveis. O interesse da desconstrução, de sua força e de seu desejo, se ela os tem, é certa experiência do impossível: isto é [...] *do outro*, a experiência do outro como invenção do impossível, por outras palavras, como a única invenção possível").

2. Há, em seguida, a distinção entre a violência fundadora do direito, que é dita "mística" (subentendido: grega, parece-me) e a violência destruidora do direito (*Rechtsvernichtend*), que é dita divina (subentendido: judia, parece-me).

3. Há, finalmente, a distinção entre a justiça (*Gerechtigkeit*), como princípio de toda colocação divina de finalidade (*das Prinzip aller göttlichen Zwecksetzung*), e o poder (*Macht*), como princípio de toda instauração mística de direito (*aller mythischen Rechtsetzung*).

No título *Zur Kritik der Gewalt*, "crítica" não significa simplesmente avaliação negativa, rejeição ou condenação legítimas da violência, mas juízo, avaliação, exame que se dá os meios de julgar a violência. O conceito de crítica, implicando a decisão sob forma de julgamento e a questão relativa ao direito de julgar, tem assim uma relação essencial, nele mesmo, com a esfera do direito. Um pouco, no fundo, como na tradição kantiana do conceito de crítica. O conceito de violência (*Gewalt*) só permite uma crítica avaliadora na esfera do direito e da justiça (*Recht, Gerechtigkeit*) ou das relações morais (*sittliche Verhältnisse*). Não há violência natural ou física. Pode-se, em linguagem figurada, falar de violência com respeito a um terremoto, ou mesmo a uma dor física. Mas sabe-se que não se trata aí de uma *Gewalt* que possa dar lugar a um julgamento, diante de alguma instância judicial. O conceito de violência pertence à ordem simbólica do direito, da política e da moral – de todas as formas de *autoridade* ou de *autorização*, ou pelo menos de pretensão à autoridade. E é somente nessa medida que tal conceito pode dar lugar a uma crítica. Até aqui, essa crítica se inscreveu sempre no espaço da distinção entre meio e fim. Ora, objeta Benjamin, perguntar-se se a violência pode ser um meio *com vistas a* fins (justos ou injustos) é proibir-se de julgar a violência *ela mesma*. A criteriologia concerniria então somente à aplicação da violência, não à violência *ela mesma*. Não saberíamos dizer se esta, enquanto meio, é *ela mesma* justa ou não, moral ou não. A questão crítica permanece aberta, a de uma avaliação e de uma justificação da violência em si mesma, como simples meio, e qualquer que seja seu fim. Essa dimensão crítica teria sido excluída pela tradição jusnaturalista. Para os defensores do direito natural, o recurso a meios violentos não apresenta nenhum problema, já que os fins naturais são justos. O recurso a meios violentos é tão justificado, tão normal quanto o "direito" do homem a mover seu corpo em direção ao objetivo visado. A violência (*Gewalt*) é, desse ponto de vista, um "produto natural" (*Naturprodukt*)[4]. Benjamin dá alguns exemplos dessa naturalização da violência pelo jusnaturalismo:

a/ o Estado fundado sobre o direito natural de que fala Espinosa no *Tratado teológico-político*, cujo ci-

---

4. *Op. cit.*, p. 180; trad. fr., p. 24.

dadão, antes do contrato formado pela razão, exerce *de jure* uma violência de que dispõe *de facto*;

b/ o fundamento ideológico do Terror na Revolução Francesa;

c/ as explorações de certo darwinismo etc.

Mas, se, contrariamente ao jusnaturalismo, a tradição do direito positivo é mais atenta ao devir histórico do direito, ela também fica aquém do questionamento crítico proposto por Benjamin. Sem dúvida, ela não pode considerar que todos os meios são bons quando se conformam a um fim natural e a-histórico. Ela prescreve que se julguem os meios, isto é, sua conformidade com um direito que ainda está em curso de constituição, com um novo direito (por conseguinte não natural) que ela avalia em função dos meios. Ela não exclui, portanto, uma crítica dos meios. Mas as duas tradições compartilham o mesmo pressuposto dogmático, o de que se podem atingir fins justos por meios injustos. "O direito natural se esforça por 'justificar' (*'rechtfertigen'*) os meios pela justiça dos objetivos (*durch die Gerechtigkeit der Zwecke*); o direito positivo se esforça por 'garantir' (*'garantieren'*) a justiça (*Berechtigung*) dos fins pela legitimidade (*Gerechtigkeit*) dos meios."[5] As duas tradições girariam no mesmo círculo de pressupostos dogmáticos. Não há nenhuma solução para a antinomia

---

5. *Op. cit.*, p. 180; trad. fr., p. 25.

quando uma contradição surge entre fins justos e meios justificados. O direito positivo permaneceria cego à incondicionalidade dos fins, o direito natural à condicionalidade dos meios.

Entretanto, embora pareça não dar razão nem a um nem a outro, Benjamin conserva, da tradição do direito positivo, o sentido da historicidade do direito. É verdade que, inversamente, o que ele dirá mais adiante sobre a justiça divina não é sempre incompatível com o fundo teológico de todos os jusnaturalistas. Em todo caso, a crítica benjaminiana da violência pretende exceder as duas tradições, e já não pertencer à esfera do direito e da interpretação interna da instituição jurídica. Ela pertence àquilo que ele chama, num sentido bastante singular, de "filosofia da história", e se limita expressamente, como sempre o faz Schmitt, aos dados do direito europeu.

No que tem de mais fundamental, o direito europeu tende a proibir a violência individual e a condená-la na medida em que ela ameaça, não determinada lei, mas a própria ordem jurídica (*die Rechtsordnung*). Daí o interesse do direito – pois o direito tem interesse em se instaurar e a conservar a si mesmo, ou em representar o interesse que, justamente, ele representa. Falar de um interesse do direito pode parecer "surpreendente", é a palavra usada por Benjamin; mas é ao mesmo tempo normal, é da natureza de seu próprio interesse pretender excluir as violências individuais que ameaçam sua ordem; é com vistas a seu interesse que ele monopoliza, assim, a violência no sentido de *Gewalt*, a violência enquanto autoridade. Há um "interesse do direito na monopolização da violência" (*Interesse des Rechts an der Monopolisierung der Gewalt*)⁶. Esse monopólio não tende a proteger determinados fins justos e legais (*Rechtszwecke*), mas o próprio direito.

Isso parece uma trivialidade tautológica. Mas a tautologia não é a estrutura fenomenal de certa violência do direito, que ele mesmo se instaura decretando que é violento, agora no sentido de fora da lei, tudo o que ele não reconhece? Tautologia performativa ou síntese *a priori* que estrutura toda fundamentação da lei, a partir da qual se produzem performativamente as convenções (ou o "crédito" de que falamos antes) que garantem a validade do performativo graças ao qual, desde então, obtêm-se os meios de decidir entre a violência legal e a violência ilegal. As expressões "tautologia" ou "síntese *a priori*", e sobretudo "performativo", não são benjaminianas, mas ouso crer que elas não traem seu propósito.

A fascinação admirativa exercida sobre o povo pela "figura do 'grande' criminoso" (*die Gestalt des "grossen" Verbrechers*)⁷ assim se explica: não é alguém que cometeu determinado crime, pelo qual experimentaríamos uma secreta admiração; é alguém que,

---

6. *Op. cit.*, p. 183; trad. fr., p. 28.
7. *Ibid.*

desafiando a lei, põe a nu a violência da própria ordem jurídica. Poderíamos explicar da mesma maneira o fascínio que exerce, na França, um advogado como Jacques Vergès, que defende as causas mais insustentáveis, praticando o que ele chama de "estratégia de ruptura": contestação radical da ordem dada pela lei, da autoridade judicial e, finalmente, da legitimidade da autoridade do Estado que faz seus clientes comparecerem diante da lei. Autoridade judicial diante da qual, em suma, o réu comparece então sem comparecer, só comparece para testemunhar (sem testemunhar) sua oposição à lei que o faz comparecer. Pela voz de seu advogado, o réu pretende ter o direito de contestar a ordem do direito – por vezes, a identificação das vítimas. Mas que ordem do direito? A ordem do direito em geral ou aquela ordem do direito instituído e posto em ação (*"enforced"*) pela força daquele Estado? Ou a ordem na medida em que ela se confunde com o Estado em geral?

O exemplo discriminante seria, aqui, o do direito de greve. Na luta de classes, nota Benjamin, o direito de greve é garantido aos trabalhadores, que são então, ao lado do Estado, o único sujeito de direito (*Rechtssubjekt*) ao qual se garante um direito à violência (*Recht auf Gewalt*) e, portanto, a *compartilhar* o monopólio do Estado a esse respeito. Alguns puderam considerar que não se deveria falar aqui de violência, já que o exercício da greve, essa cessação de atividade, esse "não fazer nada" (*Nicht-Handeln*), não constitui uma ação. Justifica-se, assim, a concessão desse direito pelo poder do Estado (*Staatsgewalt*) quando este não pode agir de outra forma. A violência viria do empregador, e a greve consistiria apenas numa abstenção, num afastamento não-violento pelo qual o trabalhador, suspendendo suas relações com o patronato e suas máquinas, se tornaria simplesmente estranho a ambos. Aquele que se tornaria um amigo de Brecht define esse afastamento (*Abkehr*) como uma "*Entfremdung*". Ele escreve a palavra entre aspas[8].

Mas é visível que Benjamin não acredita nesse argumento da não-violência da greve. Os grevistas põem condições para a retomada do trabalho, só encerram sua greve se uma ordem de coisas mudar. Há, portanto, violência contra violência. Levando a seu limite o direito de greve, o conceito ou a palavra de ordem de greve *geral* manifesta, assim, sua essência. O Estado suporta mal essa passagem do limite. Ele a julga abusiva e pretende haver ali um mal-entendido, uma má interpretação da intenção originária, e que o direito de greve não foi assim entendido (*das Streikrecht "so" nicht gemeint gewesen sei*)[9]. Ele pode, então, fazer que se condene a greve geral como ilegal e, se ela persiste, temos aí uma situação revolucionária. Tal situação é, de fato, a *única* que nos per-

---

8. *Op. cit.*, p. 184; trad. fr., p. 29.
9. *Op. cit.*, p. 184; trad. fr., p. 30.

mite pensar a homogeneidade do direito e da violência, a violência como exercício do direito e o direito como exercício da violência. A violência não é exterior à ordem do direito. Ela ameaça o direito no interior do direito. Ela não consiste, essencialmente, em exercer sua potência ou uma força brutal para obter tal ou tal resultado, mas em ameaçar ou destruir determinada ordem de direito, e precisamente, nesse caso, a ordem de direito estatal que teve de conceder esse direito à violência, por exemplo, o direito de greve.

Como interpretar essa contradição? Ela é apenas *de facto* e exterior ao direito? Ou é imanente ao direito do direito?

O que o Estado teme, o direito em sua maior força, não é tanto o crime ou o banditismo, mesmo em grande escala, como a máfia ou o grande tráfico da droga, desde que estes transgridam a lei para atingir benefícios particulares, por mais importantes que sejam. (É verdade que, hoje em dia, essas instituições quase-estatais e internacionais têm um estatuto mais radical do que o do banditismo e representam uma ameaça com que tantos Estados só conseguem lidar aliando-se a ela – submetendo-se a ela, por exemplo, buscando sua parte na "lavagem de dinheiro" –, ao mesmo tempo que fingem combatê-la por todos os meios.) O Estado teme a violência *fundadora*, isto é, capaz de justificar, de legitimar (*begründen*) ou de transformar as relações de direito (*Rechtsverhältnis-*

se), e portanto de se apresentar como tendo um direito ao direito. Essa violência pertence assim, de antemão, à ordem de um direito de transformar ou de fundar, mesmo que ela possa ferir nosso sentimento de justiça (*Gerechtigkeitsgefühl*)[10]. Somente essa violência suscita e torna possível uma "crítica da violência", que determina a violência como sendo uma coisa diferente do exercício natural da força. Para que uma crítica, isto é, uma avaliação interpretativa e significante da violência seja possível, devemos primeiramente reconhecer sentido numa violência que não é um acidente sobrevindo do exterior do direito. Aquilo que ameaça o direito pertence já ao direito, ao direito ao direito, à origem do direito. A greve geral fornece, assim, um fio condutor precioso, já que ela exerce o direito concedido para contestar a ordem do direito existente e criar uma situação revolucionária na qual se tratará de fundar um novo direito, se não sempre, veremos num instante, um novo Estado. Todas as situações revolucionárias, todos os discursos revolucionários, de esquerda ou de direita (e a partir de 1921, na Alemanha, houve muitos que se assemelhavam de modo perturbador – Benjamin achava-se freqüentemente entre os dois), justificam o recurso à violência, alegando a instauração, em curso ou por vir, de um novo Estado[11]. Como

---

10. *Op. cit.*, p. 185; trad. fr., p. 31.
11. Encontra-se o princípio de um argumento análogo em Carl Schmitt. Cf. *Politiques de l'amitié*, Galilée, 1994, pp. 140 ss.

esse direito vindouro legitimará por sua vez, retrospectivamente, a violência que pode ferir o sentimento de justiça, seu futuro anterior já a justifica. A fundação de todos os Estados advém numa situação que podemos, assim, chamar de revolucionária. Ela inaugura um novo direito, e o faz sempre na violência. *Sempre*, isto é, mesmo que então não ocorram aqueles genocídios, expulsões ou deportações espetaculares que acompanham freqüentemente a fundação dos Estados, grandes ou pequenos, antigos ou modernos, muito perto ou muito longe de nós.

Nessas situações ditas fundadoras de direito ou de Estado, a categoria gramatical do futuro anterior assemelha-se ainda demasiadamente a uma modificação do presente, para descrever a violência em curso. Ela consiste justamente em simular a presença ou a simples modalização da presença. Aqueles que dizem "nosso tempo", pensando então "nosso presente" à luz de uma presença futura anterior, não sabem muito bem, por definição, o que dizem. É justamente nesse não saber que consiste a eventualidade do evento, aquilo que se chama ingenuamente de sua presença[12].

---

12. Sobre essa lógica e essa "crono-lógica", permito-me remeter a "Déclaration d'indépendance", in *Otobiographie, L'enseignement de Nietzsche et la politique du nom propre*, Galilée, 1984. Heidegger lembra freqüentemente que "nosso tempo histórico próprio" só se determina a partir de um futuro anterior. Nunca sabemos, no momento presente, o que é nosso tempo histórico próprio.

Esses momentos, supondo-se que possam ser isolados, são momentos aterradores. Por causa dos sofrimentos, dos crimes, das torturas que raramente deixam de os acompanhar, sem dúvida, mas também porque eles são neles mesmos, e em sua própria violência, ininterpretáveis ou indecifráveis. É o que chamo o "místico". Tal como a apresenta Benjamin, essa violência é certamente legível, ou inteligível, já que ela não é estranha ao direito, assim como o *pólemos* ou *éris* não são estranhos a todas as formas e significações de *díke*. Mas ela é, no direito, aquilo que suspende o direito. Ela interrompe o direito estabelecido para fundar outro. Esse momento de suspense, essa *epokhé*, esse momento fundador ou revolucionário do direito é, no direito, uma instância de não-direito. Mas é também toda a história do direito. *Esse momento sempre ocorre e nunca ocorre numa presença.* É o momento em que a fundação do direito fica suspensa no vazio ou em cima do abismo, suspensa a um ato performativo puro que não teria de prestar contas a ninguém e diante de ninguém. O sujeito suposto desse performativo puro não estaria mais diante da lei, ou melhor, ele estaria diante de uma lei ainda indeterminada, diante da lei como uma lei ainda inexistente, uma lei ainda por vir, ainda à frente e devendo vir. E o estar "diante da lei" de que fala Kafka[13] assemelha-se àquela situação, ao mes-

---

13. Cf. "Devant la loi. Préjugés", in *Critique de la faculté de juger*, Minuit, 1985.

mo tempo comum e terrível, do homem que não consegue ver, ou sobretudo tocar a lei, encontrar-se com ela: porque ela é transcendente na exata medida em que é ele que a deve fundar, como porvir, na violência. "Tocamos" aqui, sem o tocar, este extraordinário paradoxo: a transcendência inacessível da lei, diante da qual e antes da qual o "homem" se encontra, só parece infinitamente transcendente e portanto teológica na medida em que, muito próxima dele, ela depende apenas dele, do ato performativo pelo qual ele a institui: a lei é transcendente, violenta e não violenta, porque ela só depende daquele que está diante dela – e portanto antes dela –, daquele que a produz, a funda, a autoriza num performativo absoluto cuja presença lhe escapa sempre. A lei é transcendente e teológica, portanto sempre futura, sempre prometida, porque ela é imanente, finda e portanto já passada. Todo "sujeito" se encontra preso de antemão nessa estrutura aporética.

Somente o futuro produzirá a inteligibilidade ou a interpretabilidade dessa lei. Para além da letra do texto de Benjamin, que não acompanho já há um instante no estilo do comentário, mas que interpreto a partir de seu futuro, diremos que a ordem da inteligibilidade depende, por sua vez, da ordem instaurada que ela serve para interpretar. Essa legibilidade será, pois, tão pouco neutra quanto não violenta. Uma revolução "bem-sucedida", a fundação de um Estado "bem-sucedida" (um pouco no sentido em que falamos de um *"felicitous"* *"performative speech act"*) produzirá *a posteriori* aquilo que ela estava destinada *de antemão* a produzir, isto é, modelos interpretativos próprios para serem lidos retroativamente, para dar sentido, necessidade e sobretudo legitimidade à violência que produziu, entre outros, o modelo interpretativo em questão, isto é, o discurso de sua autolegitimação. Os exemplos desse círculo, outro círculo hermenêutico, outro círculo da violência, não faltam, perto ou longe de nós, aqui mesmo ou alhures, quer se trate daquilo que acontece de um bairro a outro, de uma rua a outra, de uma grande metrópole, de um país ou de um campo a outro, em torno de uma guerra mundial durante a qual Estados e nações são fundados, destruídos ou remanejados. É preciso levar isso em conta para des-limitar um direito internacional construído sobre o conceito ocidental de soberania estatal e de não-ingerência, mas também para pensar sua perfectibilidade infinita. Há casos em que, durante gerações, não se sabe se o performativo da fundação violenta de um Estado foi bem-sucedido (*"felicitous"*) ou não. Poderíamos citar mais de um exemplo disso. Essa ilegibilidade da violência depende da própria legibilidade de uma violência pertencente àquilo que outros chamariam de ordem simbólica do direito, e não à física pura. Poderíamos ser tentados a revirar como uma luva a "lógica" ("lógica" entre aspas, pois esse "ilegível" é igualmente "ilógico" na ordem do *lógos*, e é também por isso que hesito em chamá-lo de "simbólico" e a precipitá-lo, assim, na ordem do discurso lacaniano) dessa legível ilegibilidade. Ela significa, em suma, uma violência jurídico-simbólica, uma violência performativa no próprio interior da leitura interpretativa. E uma metonímia poderia devolver o exemplo ou o índice à generalidade conceitual da essência.

Diríamos, então, que há uma possibilidade de "greve geral", um direito análogo ao da greve geral, em toda leitura interpretativa, o direito de contestar a ordem estabelecida em sua mais forte autoridade, a do Estado. Temos o direito de suspender a autoridade legitimadora e todas as suas normas de leitura, e isso nas leituras mais finas, mais eficazes, mais pertinentes, que evidentemente se explicam por vezes com o ilegível, para fundar uma nova ordem de leitura, um outro Estado, por vezes sem o fazer ou para não o fazer. Pois veremos que Benjamin distingue duas espécies de greve geral, umas destinadas a substituir a ordem de um Estado por outra (greve geral *política*), outra a suprimir o Estado (greve geral *proletária*).

Em suma, as duas tentações da desconstrução.

Pois há algo como uma greve geral, e portanto algo de revolucionário em toda leitura instauradora, que permanece ilegível com relação aos cânones estabelecidos e às normas de leitura, isto é, ao estado presente da leitura ou àquilo que representa o Estado, com maiúscula, no estado da leitura possível. Diante de tal greve geral, podemos então, segundo o caso, falar de anarquismo, de ceticismo, de niilismo, de despolitização, ou, pelo contrário, de superpolitização subversiva. Hoje em dia, a greve geral não precisa desmobilizar ou mobilizar, espetacularmente, muita gente: basta cortar a eletricidade em alguns lugares privilegiados, por exemplo os serviços, públicos e privados, dos correios e das telecomunicações, o rádio, a televisão, as redes de informatização centralizada, ou introduzir alguns vírus eficazes numa rede de computadores bem escolhidos, ou ainda, analogicamente, introduzir o equivalente da Aids nos órgãos de transmissão, no *Gespräch* hermenêutico[14].

O que estamos fazendo aqui pode assemelhar-se a uma greve geral ou a uma revolução, com relação a modelos, estruturas, mas também modos de legibilidade da ação política? É isso a desconstrução? É uma greve geral, uma estratégia de ruptura? Sim e não. Sim, na medida em que ela assume o direito de contestar, e de modo não apenas teórico, os protocolos constitucionais, a própria carta que rege a leitura em nossa cultura e, sobretudo, em nossa academia. Não, pelo menos na medida em que ela se desenvolve ainda na academia (e não esqueçamos, se não quisermos cair no ridículo ou na indecência,

---

14. Cf. "Rhétorique de la drogue", in *Points de suspension*, Galilée, 1992, pp. 265 ss.

que estamos aqui confortavelmente instalados na Quinta Avenida – a alguns *blocks* daqui, já é o inferno da injustiça). E depois, assim como uma estratégia de ruptura nunca é pura, o advogado ou o réu devendo "negociá-la", de certa maneira, diante de um tribunal ou durante uma greve de fome na prisão, da mesma maneira nunca é pura a oposição entre a greve geral *política*, visando a re-fundar outro Estado, e a greve geral *proletária*, visando a destruir o Estado.

Essas oposições benjaminianas parecem, pois, mais do que nunca, desconstruíveis; elas se desconstroem elas mesmas, inclusive como paradigmas para a desconstrução. O que estou dizendo é nada menos do que conservador e anti-revolucionário. Pois, para além do propósito explícito de Benjamin, proporei a interpretação segundo a qual a própria violência da fundação ou da *instauração do direito* (*Rechtsetzende Gewalt*) deve envolver a violência da *conservação do direito* (*Rechtserhaltende Gewalt*) e não pode romper com ela. É próprio da estrutura da violência fundadora solicitar sua própria repetição e fundar o que deve ser conservado, conservável, destinado à herança e à tradição, à partilha. Uma fundação é uma promessa. Todo estabelecimento (*Setzung*) permite e pro-mete, instala-se pondo e prometendo. E, mesmo que, de fato, uma promessa não seja mantida, a iterabilidade inscreve a promessa de salvaguarda no instante mais irruptivo da fundação. Ela inscreve, assim, a possibilidade da repetição no coração do originário. Melhor, ou pior, ela está inscrita nessa lei de iterabilidade, mantém-se sob sua lei ou diante de sua lei. Conseqüentemente, não há fundação pura ou instauração pura do direito, portanto pura violência fundadora, assim como não há violência puramente conservadora. A instauração já é iterabilidade, apelo à repetição auto-conservadora. A conservação, por sua vez, é ainda re-fundadora para poder conservar o que pretende fundar. Não há, portanto, oposição rigorosa entre a instauração e a conservação, somente aquilo que chamarei (e que Benjamin não nomeia) de *contaminação diferencial* entre as duas, com todos os paradoxos que isso pode induzir. Não há distinção rigorosa entre uma greve geral e uma greve parcial (uma vez mais, numa sociedade industrial, faltariam também critérios técnicos para tal distinção), nem, no sentido de Sorel, entre uma greve geral *política* e uma greve geral *proletária*. A desconstrução é também o pensamento *dessa* contaminação diferencial – e o pensamento tomado na necessidade dessa contaminação.

É pensando nessa contaminação diferencial, como contaminação no próprio âmago do direito, que isolo esta frase de Benjamin, à qual pretendo voltar mais adiante: há, diz ele, "algo de podre no âmago do direito" (*etwas Morsches im Recht*)[15]. Há algo de carcomido ou de podre no direito, algo que

---

15. *Op. cit.*, p. 188; trad. fr., p. 35.

o condena ou o arruína de antemão. O direito está condenado, arruinado, em ruína, ruinoso, se pudermos arriscar uma sentença de morte com respeito ao direito, sobretudo quando se trata, nele, da pena de morte. E é num trecho sobre a pena de morte que Benjamin fala daquilo que está "podre" no direito.

Se há greve e direito de greve em toda interpretação, há também ali guerra e *pólemos*. A guerra é outro exemplo dessa contradição interna do direito. Há um direito de guerra (Schmitt se queixará de que ele já não seja reconhecido como a própria possibilidade da política). Esse direito comporta as mesmas contradições que o direito de greve. Aparentemente, sujeitos de direito declaram a guerra para sancionar violências cujos objetivos parecem naturais (o outro quer apoderar-se de um território, de bens, de mulheres; ele quer minha morte, eu o mato). Mas essa violência guerreira, que se assemelha ao "banditismo" fora da lei (*raubende Gewalt*)[16], manifesta-se sempre *no interior* da esfera do direito. É uma anomalia *no interior* da juridicidade com que parece romper. A ruptura da relação é, aqui, a relação. A transgressão está diante da lei. Nas sociedades ditas primitivas, que desnudariam melhor essas significações, segundo Benjamin, o tratado de paz mostra bem que a guerra não era um fenômeno natural. Nenhuma paz se conclui sem o fenômeno simbólico de um cerimo-

---

16. *Op. cit.*, p. 185; trad. fr., p. 31.

nial. Este lembra que já havia algo de cerimonial na guerra. Ela não se reduzia, portanto, ao choque de dois interesses ou de duas forças puramente físicas. Aqui um parêntese importante sublinha que, certamente, no par guerra/paz, o cerimonial da paz lembra que a guerra era também um fenômeno não-natural; mas Benjamin parece querer extrair, dessa correlação, certo sentido da palavra "paz", em particular no conceito kantiano de "paz perpétua". Trata-se aí de uma significação bem diferente, "não-metafórica e política" (*unmetaphorische und politische*)[17], cuja importância avaliaremos talvez daqui a pouco. Isso concerne ao direito internacional, cujos riscos de desvios e de perversão em proveito de interesses particulares, estatais ou não, exigem uma vigilância infinita, principalmente porque esses riscos estão inscritos em sua própria constituição.

Depois da cerimônia da guerra, a cerimônia da paz significa que a vitória instaura um novo direito. E a guerra, que passa pela violência originária e arquetípica (*ursprüngliche und urbildliche*)[18] visando a fins naturais, é de fato uma violência fundadora de direito (*rechtsetzende*). A partir do momento em que se reconhece o caráter positivo, estabelecedor (*setzende*) e fundador de outro direito, o direito moderno recusa, ao sujeito individual, todo direito à violência.

---

17. *Ibid.*
18. *Op. cit.*, p. 186; trad. fr., p. 32.

O frêmito de admiração popular diante do "grande criminoso" se dirige ao indivíduo que porta em si, como nos tempos primitivos, os estigmas do legislador ou do profeta.

Mas a distinção entre as duas violências (fundadora e conservadora) será muito difícil de traçar, de fundar ou de conservar. Vamos assistir, da parte de Benjamin, a um movimento ambíguo e laborioso para salvar a qualquer preço uma distinção ou uma correlação sem a qual todo o seu projeto poderia desmoronar. Pois, se a violência está na origem do direito, o entendimento exige que se leve a termo a crítica dessa dupla violência, a fundadora e a conservadora. Para falar da violência conservadora do direito, Benjamin debruça-se sobre problemas relativamente modernos, tão modernos quanto era então o da greve geral. Trata-se então do serviço militar obrigatório, da polícia moderna ou da abolição da pena de morte. Se, durante e após a Primeira Guerra Mundial, desenvolvera-se uma crítica apaixonada da violência, esta visava, agora, a forma conservadora da violência. O militarismo, conceito moderno que supõe uma exploração do serviço militar obrigatório, é o uso forçado da força, o "constrangimento" (*Zwang*)[19] ao uso da força ou da violência (*Gewalt*) a serviço do Estado e de seus fins legais. A violência militar é aqui legal e conserva o direito. Ela é pois

---

19. *Op. cit.*, pp. 186-7; trad. fr., pp. 32-3.

mais difícil de criticar do que acreditam, em suas "declamações", os pacifistas e os ativistas, pelos quais Benjamin não esconde sua pouca estima. A inconseqüência dos pacifistas antimilitaristas reside no fato de eles não reconhecerem o caráter legal e inatacável dessa violência conservadora do direito.

Encontramos aqui um *double bind* ou uma contradição, que podemos assim esquematizar. Por um lado, parece *mais fácil* criticar a violência fundadora, já que ela não pode ser justificada por nenhuma legalidade preexistente, e parece portanto selvagem. Mas por outro lado, e nessa virada consiste todo o interesse desta reflexão, é *mais difícil*, mais ilegítimo criticar a mesma violência fundadora, já que não podemos fazê-la comparecer diante da instituição de nenhum direito preexistente: ela não reconhece o direito existente no momento em que funda um outro. Entre os dois termos dessa contradição, há a questão daquele *instante revolucionário* inapreensível, daquela *decisão excepcional* que não pertence a nenhum *continuum* histórico e temporal, mas no qual, apesar disso, a fundação de um novo direito *joga*, por assim dizer, com algo de um direito anterior que ela estende, radicaliza, deforma, metaforiza ou metonimiza, e essa figura tem aqui os nomes de guerra ou de greve geral. Mas essa figura é também uma contaminação. Ela apaga ou embaralha a distinção pura e simples entre fundação e conservação. Ela inscreve a iterabilidade na originariedade, e é o que chamarei de desconstrução em obra, em plena negociação: nas próprias "coisas" *e* no texto de Benjamin.

Enquanto não nos damos os meios teóricos ou filosóficos para pensar essa co-implicação da violência e do direito, as críticas habituais permanecem ingênuas e inconseqüentes. Benjamin não esconde seu desdém pelas declamações do ativismo pacifista e pelas proclamações de "anarquismo pueril", que desejariam poupar ao indivíduo qualquer constrangimento. A referência ao imperativo categórico ("Age de tal modo que, em tua pessoa como na de qualquer outro, uses sempre da humanidade como fim, jamais como meio"), por mais incontestável que seja, não permite nenhuma crítica da violência. O direito, em sua própria violência, pretende reconhecer e defender a dita humanidade como fim, na pessoa de cada indivíduo. Uma crítica puramente moral da violência seria, pois, tão injustificada quanto impotente. Não se pode, pela mesma razão, criticar a violência em nome da liberdade, daquilo que Benjamin chama aqui de "informe 'liberdade'" (*gestaltlose "Freiheit"*)[20], isto é, em suma, uma liberdade puramente formal, uma forma vazia, segundo um veio hegeliano-marxista que está longe de estar ausente ao longo dessa meditação. Faltam pertinência e eficácia a esses ataques contra a violência, porque eles permanecem estranhos à essência jurídica da violência, à "ordem

---

20. *Op. cit.*, p. 187; trad. fr., p. 34.

do direito". Uma crítica eficaz deve incidir sobre o próprio corpo do direito, sua cabeça e seus membros, sobre as leis e usos particulares que o direito toma sob a proteção de sua potência (*Macht*). Essa ordem é tal que existe um único destino, um destino ou uma história únicas (*nur ein einziges Schicksal*)[21]. Este é um dos conceitos maiores, mas também dos mais obscuros do texto, quer se trate do próprio destino ou de sua absoluta unicidade. O que existe, o que tem consistência (*das Bestehende*) e o que ameaça, ao mesmo tempo, o que existe (*das Drohende*) pertencem "inviolavelmente" (*unverbrüchlich*) *à mesma ordem*, e essa ordem é inviolável porque é única. Só pode ser violada *nela mesma*. A noção de ameaça parece aqui indispensável. Mas ela continua sendo também difícil de delimitar, pois a ameaça não vem de fora. O direito é, ao mesmo tempo, ameaçador e ameaçado por ele mesmo. Essa ameaça não é nem a intimidação nem a dissuasão, como crêem os pacifistas, os anarquistas ou os ativistas. A lei mostra-se ameaçadora à maneira do destino. Para aceder ao "sentido mais profundo" da indeterminação (*Unbestimmtheit*) da ameaça do direito (*der Rechtsdrohung*), será necessário meditar, mais tarde, sobre a essência do destino que está na origem dessa ameaça.

No decorrer de uma meditação sobre o destino, que passa também por uma análise da polícia, da

---

21. *Ibid.*

pena de morte, da instituição parlamentar, Benjamin chega pois a distinguir entre justiça divina e justiça humana, entre a violência divina que *destrói* o direito e a violência mítica que *funda* o direito.

A violência conservadora, aquela ameaça que não é intimidação, é uma ameaça *do* direito. Duplo genitivo: ela procede do direito e ameaça o direito. Um precioso índice vem, aqui, do âmbito do direito de punir e da pena de morte. Benjamin parece pensar que os discursos contra o direito de punir, e principalmente contra a pena de morte, são superficiais, e não por acidente. Pois eles não admitem um axioma essencial para a definição do direito. Qual? Pois bem, quando se ataca a pena de morte, não se contesta uma pena entre outras, mas o próprio direito em sua origem, em sua própria ordem. Se a origem do direito é uma instauração violenta, esta se manifesta do modo mais puro quando a violência é absoluta, isto é, quando toca no direito à vida e à morte. Benjamin não precisa invocar aqui os grandes discursos filosóficos que justificaram, antes dele, e da mesma maneira, a pena de morte (Kant, Hegel, por exemplo contra os primeiros abolicionistas como Beccaria).

A ordem do direito manifesta-se plenamente na possibilidade da pena de morte. Abolindo-se esta, não se tocaria num dispositivo entre outros, desacreditaríamos o próprio princípio do direito. Assim se confirma que há algo de "podre" no âmago do direito. Aquilo de que deve dar testemunho a pena de morte é que o direito é uma violência contrária à natureza. Mas aquilo de que hoje dá testemunho de modo ainda mais "espectral" (*gespenstiche*, espectral e não apenas alucinante como diz a tradução francesa[22]), misturando as duas violências, a violência conservadora e a violência fundadora, é a instituição moderna da polícia. Mistura de duas violências heterogêneas, mistura de certa maneira espectral (*in einer gleichsam gespenstischen Vermischung*), como se uma violência assombrasse a outra (embora Benjamin não o diga assim, ao comentar o duplo uso da palavra *gespenstich*). A espectralidade decorre do fato de que um corpo nunca está presente para ele mesmo, para aquilo que ele é. Ele aparece desaparecendo, ou fazendo desaparecer aquilo que representa: um pelo outro. Nunca se sabe com quem estamos tratando, e esta é a definição da polícia, singularmente da polícia do Estado, cujos limites são, no fundo, indetermináveis. Essa ausência de fronteira entre as duas violências, essa contaminação entre fundação e conservação é ignóbil, é a ignomínia (*das Schmackvolle*) da polícia. Antes de ser ignóbil em seus procedimentos, na inquisição inominável à qual se entrega, sem nenhum respeito, a violência policial, a polícia moderna é estruturalmente repugnante, imunda por essência, em razão de sua hipocrisia

---

22. *Op. cit.*, p. 189; trad. fr., p. 35.

constitutiva. Sua ausência de limite não lhe vem apenas de uma tecnologia de vigilância e de repressão, que já se desenvolvia em 1921 de modo inquietante, a ponto de duplicar e assombrar toda vida pública ou privada (que diríamos nós, hoje, do desenvolvimento dessa tecnologia!). Ela provém igualmente do fato de que a polícia é o Estado, é o espectro do Estado, e que não se pode, rigorosamente, atacá-la sem declarar guerra à ordem da *res publica*. Pois a polícia já não se contenta, hoje, em aplicar a lei pela força (*enforce*) e, portanto, em conservá-la; ela a inventa, ela publica decretos, ela intervém cada vez que a situação jurídica não é suficientemente clara para garantir a segurança. Isto é, hoje, quase o tempo todo. Ela é a força de lei, ela tem força de lei. A polícia é ignóbil porque, em sua autoridade, "a separação da violência fundadora e da violência conservadora é suspensa (ou relevada, *aufgehoben*)"[23]. Nessa *Aufhebung* que ela mesma significa, a polícia inventa o direito, ela se faz "*rechtsetzende*", legislativa, ela se *atribui* o direito cada vez que este é suficientemente indeterminado para lhe dar essa possibilidade. Mesmo que ela não promulgue a lei, a polícia se comporta como um legislador nos tempos modernos, para não dizer como o legislador dos tempos modernos. Ali onde há polícia, isto é, em toda parte

---

23. "[...] in ihr die Trennung von rechtsetzender und rechtserhaltender Gewalt aufgehoben ist." *Op. cit.*, p. 189; trad. fr., p. 36.

e aqui mesmo, já não se pode discernir entre as duas violências, a conservadora e a fundadora, e este é o equívoco ignóbil, ignominioso, revoltante. A possibilidade, isto é, também a necessidade inelutável da polícia moderna arruína, em suma, poderíamos dizer desconstrói, a distinção entre as duas violências, que entretanto estrutura o discurso chamado por Benjamin de uma nova crítica da violência.

Ele gostaria ou de fundar ou de conservar esse discurso, mas não pode nem fundá-lo nem conservá-lo de modo puro. No máximo, pode assiná-lo como um acontecimento espectral. Texto e assinatura são espectros. E Benjamin sabe disso, tanto que o acontecimento do texto *Zur Kritik der Gewalt* consiste nessa estranha *ex-posição*: uma demonstração arruína, sob nossos olhos, as distinções que propõe. Ela exibe e arquiva o próprio movimento de sua implosão, deixando no lugar o que se denomina um texto, o fantasma de um texto que, arruinado ele mesmo, ao mesmo tempo fundação e conservação, não chega nem a uma nem a outra, e fica ali, até certo ponto, por certo tempo, legível e ilegível, como a ruína exemplar que nos adverte singularmente acerca do destino de todo texto e de toda assinatura em sua relação com o direito, isto é, necessária e infelizmente com certa polícia. Tal será pois, seja dito de passagem, o estatuto sem estatuto de um texto dito de desconstrução e daquilo que dele resta. O texto não escapa à lei que enuncia. Ele se arruína e se contamina, torna-se o espectro dele mesmo. Haverá porém mais a dizer acerca dessa ruína da assinatura.

O que ameaça o rigor da distinção entre as duas violências, e que Benjamin não diz, excluindo-o ou ignorando-o, é no fundo o paradoxo da iterabilidade. Esta faz com que a origem deva originariamente repetir-se e alterar-se, para valer *como origem*, isto é, para se conservar. A polícia aparece imediatamente e legifera; ela não se contenta com aplicar uma lei que, antes dela, seria desprovida de força. Essa iterabilidade inscreve a conservação na estrutura essencial da fundação. Essa lei ou essa necessidade geral não se reduz, certamente, a um fenômeno moderno; ela vale *a priori*, mesmo que compreendamos que Benjamin dê exemplos modernos em sua especificidade e vise explicitamente a polícia do "Estado moderno". A iterabilidade impede, rigorosamente, que haja fundadores grandes e puros, iniciadores, legisladores ("grandes" poetas, pensadores ou estadistas, no sentido em que Heidegger o dirá, em 1935, seguindo um esquema análogo acerca do sacrifício fatal desses fundadores).

A ruína não é uma coisa negativa. Primeiramente, é claro que não é uma coisa. Poderíamos escrever, talvez com ou segundo Benjamin, talvez contra ele, um curto tratado do amor pelas ruínas. Aliás, que outra coisa poderíamos amar? Só se pode amar um monumento, uma arquitetura, uma instituição como tal na experiência, ela mesma precária, de sua fragilidade: ela não esteve sempre ali, não estará sempre ali, está acabada. E por isso mesmo a amamos, como mortais, através de seu nascimento e sua morte, através do fantasma ou da silhueta de sua ruína, da minha – que ela é, ou já prefigura. Como amar senão nessa finitude? Se não, de onde viria o direito de amar, ou o amor pelo direito?

Voltemos à própria coisa, isto é, ao fantasma. Pois esse texto narra uma história de fantasmas. Não podemos evitar o fantasma e a ruína, assim como não podemos eludir a questão do estatuto retórico desse evento textual. A que figuras recorreu ele para sua *exposição*, sua explosão interna ou sua implosão? Todas as figuras exemplares da violência do direito são metonímias singulares, isto é, figuras sem limite, possibilidades de transposição desencadeadas e figuras sem figura. Tomemos o exemplo da polícia, esse índice de uma violência fantasmagórica porque mistura a fundação e a conservação, tornando-se, por isso, ainda mais violenta. Pois bem, a polícia que assim capitaliza a violência não é apenas a polícia. Ela não consiste somente em agentes policiais fardados, às vezes com capacetes, armados e organizados numa estrutura civil de modelo militar, à qual é recusado o direito de greve etc. Por definição, a polícia está presente ou representada em toda parte onde há força de lei. Ela está presente, às vezes invisível mas sempre eficaz, em toda parte onde há conservação da ordem social. A polícia não é apenas a polícia (hoje mais ou menos do que nunca), ela está ali, figura sem rosto de um *Dasein* coextensivo ao *Dasein* da *pólis*.

Benjamin o reconhece à sua maneira, mas segundo um gesto duplo e, acredito, não deliberado, em todo caso não tematizado. Ele nunca renuncia a conter num par de conceitos, e a reconduzir a distinções aquilo mesmo que os excede e transborda incessantemente. Admite, assim, que o mal da polícia é o de ser uma figura sem rosto, uma violência sem forma (*gestaltlos*). Ela não é apreensível, como tal, em nenhum lugar (*nirgends fassbare*). Nos Estados ditos civilizados, o espectro de sua aparição fantasmática se estende por toda parte[24]. E no entanto, enquanto ela se metonimiza, enquanto essa figura inapreensível e sem forma *se espectraliza*, enquanto a polícia se torna em toda parte, na sociedade, o próprio elemento da assombração, o meio da espectralidade, Benjamin gostaria ainda que ela permanecesse como uma figura determinável e própria dos Estados civilizados. Ele pretende saber do que fala quando fala da polícia no sentido próprio, e desejaria determinar seu fenômeno. É difícil saber se ele fala da polícia do Estado moderno ou do Estado em geral quando nomeia o Estado civilizado. Eu me inclinaria pela primeira hipótese, por *duas razões*:

---

24. "*Allverbreitete gespenstische Erscheinung im Leben der zivilisierten Staaten.*" *Op. cit.*, p. 189; trad. fr., p. 37.

1. Ele seleciona exemplos modernos de violência, como o da greve geral ou o *problema* da pena de morte. Mais acima, não fala apenas dos Estados civilizados, mas de uma outra "instituição do Estado moderno", a polícia. É a polícia *moderna*, em situações político-técnicas *modernas* que é levada a produzir a lei que ela deveria somente aplicar.

2. Mesmo reconhecendo que o corpo fantasmal da polícia, por mais invasor que seja, permanece sempre igual a ele mesmo, Benjamin admite que seu espírito (*Geist*), o espírito da polícia, faz menos estragos na monarquia absoluta do que nas democracias modernas, nas quais sua violência degenera. Seria apenas, como estaríamos hoje inclinados a pensar, porque as tecnologias modernas da comunicação, da vigilância e da interceptação garantem à polícia uma ubiqüidade absoluta, saturando o espaço público e privado, levando a seu limite a coextensividade do político e do policial? Seria porque as democracias não podem proteger o cidadão contra a violência policial, a não ser entrando nessa lógica da coextensividade político-policial? Isto é, confirmando a essência policial da coisa pública (polícia das polícias, instituições do tipo "informática e liberdade", monopolização pelo Estado das técnicas de proteção do segredo da vida privada, como é atualmente proposto aos cidadãos americanos pelo governo federal e

por suas polícias, que, em troca, produziriam os meios técnicos necessários e decidiriam o momento em que a segurança do Estado exige a interceptação da conversa privada, por exemplo a instalação de microfones invisíveis, a utilização de microfones direcionados, a intrusão nas redes informatizadas ou, simplesmente, a prática tão comum entre nós da velha e boa "escuta telefônica")? Seria nessa contradição que pensava Benjamin? Numa degenerescência interna do princípio democrático, inevitavelmente corrompido pelo princípio do poder policial, destinado, em princípio, a protegê-lo, mas por essência incontrolável no processo de sua autonomização técnica?

Detenhamo-nos um instante neste ponto. Não é seguro que Benjamin tenha deliberado a aproximação que tento fazer entre as palavras *gespenstische*, espectral ou fantasmal, e a palavra *Geist*, espírito também no sentido de duplo fantasmagórico. Mas essa analogia parece pouco contestável, mesmo que Benjamin não a reconhecesse. A polícia torna-se alucinante e espectral porque ela assombra tudo. Ela está em toda parte, mesmo ali onde não está, em seu *Fort-Da-sein* a que sempre podemos apelar. Sua presença não está presente, assim como nenhuma presença está presente, segundo Heidegger, e a presença de seu duplo espectral não conhece fronteiras. É conforme à lógica de *Zur Kritik der Gewalt* marcar que tudo o que toca na violência do direito – aqui, da própria polícia – não é natural, mas espiritual. Há um espírito, ao mesmo tempo no sentido do espectro e no sentido da vida que se eleva, justamente através da morte, pela possibilidade da pena de morte, acima da vida natural ou "biológica". A polícia dá testemunho disso. Invocarei, aqui, uma "tese" definida pela *Ursprung der deutschen Trauerspiel** a respeito da manifestação do espírito: este se mostra exteriormente sob a forma do *poder*; e a faculdade desse poder (*Vermögen*) determina-se em ato como *faculdade* de exercer a *ditadura. O espírito é ditadura.* Reciprocamente, a ditadura, que é a essência do poder como violência (*Gewalt*), é de essência espiritual. O espiritualismo fundamental dessa afirmação está em consonância com aquilo que concede a autoridade (legitimada ou legitimadora), ou a violência do poder (*Gewalt*), a uma decisão instituinte que, não tendo, por definição, de justificar sua soberania diante de nenhuma lei preexistente, apela somente para uma "mística" e só pode enunciar-se sob a forma de ordens, de ditos, de ditados prescritivos ou de performativos ditatoriais:

> O espírito (*Geist*) – tal é a tese da época – manifesta-se no poder (*weist sich aus in Macht*); o espírito é a faculdade de exercer a ditadura (*Geist ist das Vermögen, Diktatur auszuüben*). Essa faculdade exige

---

* Walter Benjamin, *Origem do drama barroco alemão*, trad. br. Sérgio Paulo Rouanet, São Paulo, Brasiliense, 1984. (N. da T.)

uma disciplina interior rigorosa, assim como uma ação exterior desprovida de escrúpulos (*skrupelloseste Aktion*).[25]

Em vez de ser ele mesmo e de ser contido na democracia, esse espírito da polícia, essa violência policial *como espírito* nela degenera. Ele dá testemunho, na democracia ocidental, da maior degenerescência pensável da violência ou do princípio de autoridade, do poder (*die denkbar grösste Entartung der Gewalt bezeugt*)[26]. A degenerescência do *poder* democrático (e a palavra *poder* seria freqüentemente a mais apropriada para traduzir *Gewalt*, a força ou a violência interna de sua autoridade) não teria outro nome senão polícia. Por quê? Na monarquia absoluta, os poderes legislativos e executivos estão unidos. Portanto, a violência da autoridade ou do poder é aí normal, conforme à sua essência, à sua idéia, ao seu espírito. Na democracia, pelo contrário, a violência já não é concedida ao espírito da polícia. Em razão da separação presumida dos poderes, ela se exerce de modo ilegítimo, sobretudo quando, em vez de apli-

---

25. *Origine du drame baroque allemand*, trad. fr. S. Muller e A. Hirt, Flammarion, 1985, pp. 100-1. Agradeço Tim Bahti por ter chamado minha atenção para esse trecho. O mesmo capítulo evoca, antes, as aparições de espectros (*Geisterscheinungen*, p. 273). E, em seguida, fala-se do gênio maligno (*böse Geist*) dos déspotas. Sobre o tornar-se fantasma do morto, na *Trauerspiel*, cf. também trad. fr., p. 258.

26. *Op. cit.*, p. 190; trad. fr., p. 37.

car a lei, ela a faz. Benjamin indica, aqui, pelo menos o princípio de uma análise da realidade policial nas democracias industriais, e seus complexos militares-industriais providos de alta tecnologia informatizada. Na monarquia absoluta, por mais terrível que seja, a violência policial mostra-se tal qual é e tal qual deve ser em seu espírito, enquanto a violência policial das democracias nega seu próprio princípio, legislando de modo sub-reptício, na clandestinidade.

Dupla conseqüência ou dupla implicação:

1. A democracia seria uma degenerescência do direito, da violência, da autoridade ou do poder do direito;

2. Ainda não existe democracia digna desse nome. A democracia ainda está por vir: por engendrar ou por regenerar.

O discurso de Benjamin, que se desenvolve então numa crítica do parlamentarismo da democracia liberal, é pois *revolucionário*, ou marxizante, mas nos dois sentidos da palavra "revolucionário", que compreende também o sentido reacionário, isto é, o de uma volta ao passado de uma origem mais pura. Esse equívoco é suficientemente típico por haver alimentado muitos discursos revolucionários, de direita e de esquerda, em particular entre as duas guerras. Uma crítica da "degenerescência" (*Entartung*) como crítica de um parlamentarismo impotente no combate à violência policial, que a ele se substitui, é uma crítica da violência fundada numa "filosofia da história": colocação em perspectiva arqueo-teleológica, ou arqueo-escatológica que decifra a história do direito como uma decadência (*Verfall*) desde a origem. A analogia com os esquemas de Schmitt ou de Heidegger não precisa ser sublinhada. Esse triângulo deveria ser ilustrado por uma correspondência, quero dizer pela correspondência epistolar que ligou esses três pensadores (Schmitt/Benjamin, Heidegger/Schmitt). Trata-se sempre de espírito e de revolução.

A questão seria, no fundo, esta: o que acontece hoje com a democracia liberal e parlamentar? Enquanto meio, toda violência funda ou conserva o direito. Ela renunciaria, de outra forma, a todo valor. Não há problemática do direito sem essa violência dos meios. Sem esse princípio de poder. Conseqüência: todo contrato jurídico (*Rechtsvertrag*) se funda na violência. Não há contrato que não tenha a violência ao mesmo tempo como origem (*Ursprung*) e como resultado (*Ausgang*). Uma alusão furtiva e elíptica de Benjamin parece aqui decisiva, como freqüentemente acontece. Enquanto fundação ou postura do direito, a violência institutiva (*rechtsetzende*) não precisa "estar imediatamente presente no contrato"[27]. Mas, sem estar aí imediatamente presente, ela aí está substituída (*vertreten*), representada pelo suplemento de

---

27. "*Nicht unmittelbar in ihm gegenwärtig zu sein.*" *Op. cit.*, p. 190; trad. fr., p. 38.

um substituto. O esquecimento da violência originária se produz, se abriga e se estende nessa *différance*, no movimento que substitui a presença (a presença imediata da violência identificável como tal, em seus traços e em seu espírito), nessa representatividade *différantielle*. A perda de consciência não advém por acidente, nem a amnésia consecutiva. Ela é a própria passagem da presença à representação. Tal passagem forma o trajeto do declínio, da degenerescência institucional, sua *Verfall*. Benjamin falava, anteriormente, de uma degenerescência (*Entartung*) da violência originária, por exemplo, a da violência policial na monarquia absoluta que se corrompe nas democracias modernas. E ele deplora a *Verfall* da revolução no espetáculo parlamentar: "Que desapareça a consciência dessa presença latente da violência numa instituição, esta então periclita."[28] O primeiro exemplo escolhido é o dos parlamentos de então. Se estes dão um espetáculo deplorável, é porque essas instituições representativas esquecem a violência revolucionária da qual nasceram. Na Alemanha, em particular, elas esqueceram a revolução abortada de 1919. Elas perderam o sentido da violência fundadora do direito, que está nelas representada (*"Ihnen fehlt der Sinn für die rechtsetzende Gewalt, die in ihnen repräsentiert ist"*[29]). Os parlamentos vivem no esque-

---

28. *"Schwindet das Bewusstsein von der latenten Anwesenheit der Gewalt in einem Rechtsinstitut, so verfällt es."* Ibid.
29. Ibid.

cimento da violência da qual nasceram. Essa denegação amnésica não revela uma fraqueza psicológica; ela se inscreve no estatuto e na própria estrutura desses parlamentos. Desde então, em vez de chegar a decisões comensuráveis ou proporcionais a essa violência do poder, e dignas dela, eles praticam a política hipócrita do *compromisso*. O conceito de compromisso, a *denegação* da violência aberta, o recurso à violência dissimulada, pertencem ao espírito da violência, à "mentalidade da violência" (*Mentalität der Gewalt*) que impele a aceitar o constrangimento do adversário, ao mesmo tempo para impedir o pior e dizendo, com o suspiro do parlamentar, que não é certamente o ideal e que, sem dúvida, teria sido melhor de outra maneira, mas que não se podia, justamente, fazer de outra maneira.

O parlamentarismo está, portanto, na violência da autoridade e na renúncia ao ideal. Ele malogra na resolução dos conflitos políticos pela palavra, pela discussão, pela deliberação não violenta, em suma, pela execução da democracia liberal. Diante do "declínio dos parlamentos" (*der Verfall der Parlamente*), Benjamin considera a crítica dos bolchevistas e dos sindicalistas ao mesmo tempo pertinente (*treffende*) no conjunto e radicalmente destrutiva (*vernichtende*).

Precisamos agora introduzir uma distinção que, uma vez mais, aproxima Benjamin de certo Carl Schmitt e dá pelo menos um sentido mais preciso ao que podia ser a configuração histórica na qual se inscreviam todos esses pensamentos (preço excessivo pago pela Alemanha, República de Weimar, crise e impotência do novo parlamentarismo, malogro do pacifismo, dia seguinte da Revolução de Outubro, concorrência entre as mídias e o parlamentarismo, novos dados do direito internacional etc.). Entretanto, por mais estreito que seja o liame incontestável com tal conjuntura, o alcance desses discursos e dos sintomas que eles apontam (e que também são) não se esgota nisso, de maneira nenhuma. Transposições prudentes podem tornar sua leitura ainda mais necessária e fecunda em nossos dias. Se o conteúdo de seus exemplos privilegiados envelheceu um pouco, seus esquemas argumentativos parecem merecer hoje, mais do que nunca, interesse e discussão.

Acabamos de ver que, afinal, em sua origem como em seu fim, em sua fundação e em sua conservação, o direito é inseparável da violência, imediata ou mediata, presente ou representada. Isso exclui toda não-violência na eliminação dos conflitos, como poderíamos ser facilmente tentados a concluir? Absolutamente não. Mas o pensamento da não-violência deve exceder a ordem do direito público. Benjamin acredita nas relações não violentas entre as pessoas privadas. Uma união sem violência (*gewaltlose Einigung*) é possível em toda parte onde a cultura do coração (*die Kultur des Herzens*) dá aos homens meios puros visando a um acordo (*Übereinkunft*)[30].

---

30. *Op. cit.*, p. 191; trad. fr., p. 39.

Isso significa que é preciso ficar nessa oposição do privado ao público, para proteger um domínio de não-violência? As coisas estão longe de ser simples. Outras partilhas conceituais vão delimitar, na própria esfera do político, a relação da violência com a não-violência. Seria, por exemplo, na tradição de Sorel ou de Marx, a distinção entre a greve geral *política* – violenta, já que ela quer substituir o Estado por um outro Estado (por exemplo, aquela que acabara de se anunciar, como um relâmpago, na Alemanha) e a greve geral *proletária*, aquela revolução que, em vez de fortalecer o Estado, visa a suprimi-lo – assim como à eliminação dos "sociólogos, diz Sorel, dos mundanos amigos das reformas sociais, dos intelectuais que abraçaram a profissão de pensar pelo proletariado".

Uma outra distinção parece ainda mais radical e mais próxima de uma crítica da violência como meio. Ela opõe a ordem dos meios, justamente, à ordem da *manifestação*. Uma vez mais, trata-se exatamente da violência da linguagem, mas também do advento da não-violência através de certa linguagem. A essência da linguagem consiste em signos, considerados como *meios* de comunicação, ou numa manifestação que não depende, ou não depende ainda, da comunicação por signos, isto é, da estrutura meio/fim?

Benjamin pretende provar que uma eliminação não violenta dos conflitos é possível no mundo privado, quando nele reinam a cultura do coração, a cortesia cordial, a empatia, o amor pela paz, a confiança, a amizade. Entramos aqui num domínio em que, estando suspensa a relação meio/fim, estamos lidando com meios puros, de certa maneira, meios que excluem a violência. Os conflitos entre os homens passam então pelas coisas (*Sachen*), e é unicamente nessa relação, a mais "realista" ou mais "coisista", que se abre o domínio dos meios puros, isto é, por excelência, o da técnica. A técnica é "seu domínio mais próprio". Enquanto técnica, técnica de acordo civil, o diálogo, a conversa (*Unterredung*) seria o "exemplo mais profundo" desse "domínio mais próprio"[31].

Ora, como se reconhece que a violência está excluída da esfera privada ou própria (*eigentliche Sphäre*)? A resposta de Benjamin pode surpreender. A possibilidade dessa não-violência é atestada pelo fato de que a mentira não é aí punida, tampouco o logro (*Betrug*). O direito romano e o antigo direito germânico não os sancionam. Isso confirma, pelo menos, que alguma coisa da vida privada ou da intenção pessoal escapa ao espaço do poder, do direito, da violência autoritária. A mentira é, aqui, o exemplo daquilo que escapa à vigilância político-jurídico-policial. Desde então, considerar uma mentira como um delito é sinal de decadência: uma de-

---

31. *Op. cit.*, p. 192; trad. fr., p. 39.

cadência está em curso (*Verfallsprozess*) quando o poder do Estado pretende controlar a veracidade dos discursos, chegando a ignorar os limites entre a esfera própria do privado e o campo da coisa pública. O direito moderno perde confiança em si próprio, condena o logro não por razões morais, mas porque teme as violências que ele poderia acarretar por parte das vítimas. Estas poderiam, como desforra, ameaçar a ordem do direito. É o mesmo mecanismo que na concessão do direito de greve. Trata-se sempre de limitar a pior violência por outra violência. Aquilo com que Benjamin parece sonhar é uma ordem da não-violência que subtrai à ordem do direito – portanto, ao direito de punir a mentira – não apenas as relações privadas, mas até mesmo certas relações públicas, como na greve geral de que fala Sorel, aquela que não buscaria refundar um Estado e um novo direito; ou ainda, certas relações diplomáticas nas quais, de modo análogo ao das relações privadas, alguns embaixadores resolvem os conflitos pacificamente e sem tratados. A arbitragem é, nesse caso, não violenta, porque ela se situa "para além de toda ordem do direito e, portanto, da violência"[32]. Veremos, daqui a pouco, em que essa não-violência não deixa de ter certa afinidade com a pura violência.

Benjamin propõe aqui uma analogia sobre a qual convém deter-se um instante, em particular porque

---

32. *Op. cit.*, p. 195; trad. fr., pp. 44-5.

ela faz intervir o conceito enigmático de destino. O que aconteceria se uma violência ligada ao destino (*schicksalmässige Gewalt*) e utilizando meios justos (*berechtigte*) se achasse num conflito insolúvel com os fins justos (*gerechten*)? E isso de tal sorte que fosse necessário encarar uma outra espécie de violência que, com relação àqueles fins, não fosse nem um meio justificado, nem um meio injustificado? Nem meio justificado, nem meio injustificado, de modo indecidível, isso já não seria nem mesmo um meio, mas entraria numa relação muito diversa com o par meio/fim. Teríamos de tratar, então, com uma violência muito diferente. Esta já não se deixaria determinar no espaço aberto pela oposição meio/fim. Questão ainda mais grave: ela excede ou desloca a problemática inicial que Benjamin tinha construído até aqui, com respeito à violência do direito. Essa problemática era inteiramente comandada pelo conceito de meio. Percebemos, aqui, que há casos em que, colocado em termos de meio/fim, o problema de direito fica indecidível. Essa última *indecidibilidade*, que é a de todos os problemas de direito (*Unentscheidbarkeit aller Rechtsprobleme*), é a luz de uma experiência singular e desencorajadora. Para onde ir, quando se reconheceu essa indecidibilidade inelutável?

Essa pergunta se abre, primeiramente, para outra dimensão da linguagem, para um além da mediação e, portanto, da linguagem como signo. O signo é aqui entendido, como sempre em Benjamin, no sentido de mediação, como meio visando a um fim. A questão parece, inicialmente, sem saída e, portanto, sem esperança. Mas, no fundo do impasse, essa desesperança (*Aussichtslosigkeit*) pede decisões de pensamento que concernem nada menos do que à origem da linguagem em sua relação com a verdade, à violência do destino (*schicksalhafte Gewalt*) que se coloca acima da razão, e depois, acima dessa mesma violência, a Deus: um outro, um completamente outro "fundamento místico da autoridade".

Não é, certamente, aquele de Montaigne ou de Pascal, mas não deveríamos confiar muito nessa distância. Eis para que se abre, de certa maneira, a *Aussichtslosikeit* do direito, eis aonde leva o impasse do direito.

Haveria uma analogia entre "a indecidibilidade (*Unentscheidbarkeit*) de todos os problemas de direito" e o que acontece, por outro lado, nas línguas nascentes (*in werdenden Sprachen*), nas quais é impossível uma decisão (*Entscheidung*) clara, convincente, determinante, entre o justo e o falso, o correto e o incorreto (*richtig/falsch*)[33]. Esta é apenas uma analogia proposta *en passant*. Mas poderíamos desenvolvê-la a partir de outros textos de Benjamin sobre a linguagem, especialmente "A tarefa do tradutor" (1923), e sobretudo seu famoso ensaio de 1916 (cinco anos antes, pois), "Sobre a linguagem em geral e

---

33. *Op. cit.*, p. 196; trad. fr., p. 45.

sobre a linguagem humana". Ambos questionam a essência originariamente comunicativa, isto é, semiológica, informativa, representativa, convencional, portanto *mediadora* da linguagem. Esta não é um meio visando a um fim (uma coisa ou um conteúdo significado, ou um destinatário), ao qual ela deveria adequar-se corretamente. Essa crítica do signo era, então, também política: a concepção da linguagem como meio e como signo seria "burguesa". O texto de 1916 define o pecado original como essa queda numa linguagem de comunicação mediata, na qual as palavras, tornadas meios, incitam à tagarelice (*Geschwätz*). A questão do bem e do mal, depois da criação, depende dessa tagarelice. A árvore do conhecimento não estava lá para fornecer conhecimentos sobre o Bem e o Mal, mas como signo sintomático (*Wahrzeichen*) do juízo (*Gericht*) lançado sobre aquele que pergunta. "Essa extraordinária ironia, conclui Benjamin, é o sinal pelo qual se reconhece a origem mítica do direito."[34]

Para além dessa simples analogia, Benjamin quer, portanto, pensar aqui uma finalidade, uma justiça dos fins que já não esteja ligada à possibilidade do direito, em todo caso àquilo que se concebe sempre como universalizável. A universalização do direito é sua própria possibilidade, ela está analiticamente

---

34. "*das Kennzeichen des mythischen Ursprungs des Rechtes.*" T. 11, 1, p. 54.

inscrita no conceito de justiça (*Gerechtigkeit*). Mas o que então não se compreende é que essa universalidade esteja em contradição com o próprio Deus, isto é, com aquele que decide acerca da legitimidade dos meios e da justiça dos fins *acima da razão e mesmo acima da violência do destino*. Essa referência súbita a Deus acima da razão e da universalidade, para além de uma espécie de *Aufklärung* do direito, não é outra coisa, parece-me, senão uma referência à singularidade irredutível de cada situação. E o pensamento audacioso, tão necessário quanto perigoso, daquilo que chamaríamos aqui de uma justiça sem direito, uma justiça para além do direito (esta não é uma expressão de Benjamin), vale tanto para a unicidade do indivíduo quanto para o povo e a língua; em uma só palavra, para a história.

Para fazer ouvir essa "função não mediata da violência"[35] e da autoridade em geral, Benjamin toma ainda o exemplo da linguagem cotidiana, como se se tratasse apenas de uma analogia. De fato, parece-me que temos aí a verdadeira mola, e o próprio lugar da decisão. Será por acaso, e sem relação com essa figura de Deus, que Benjamin fala então da experiência da *cólera*, esse exemplo de uma manifestação considerada imediata, estranha a toda correlação entre meio e fim? Será por acaso que ele toma

---

35. "*Eine nicht mittelbare Funktion der Gewalt*", *op. cit.*, p. 195; trad. fr., p. 46.

o exemplo da cólera para mostrar que, antes de ser mediação, a linguagem é manifestação, epifania, pura apresentação? A explosão da violência, na cólera, não seria um meio visando a um fim; ela não teria outro objetivo senão mostrar e mostrar a si mesma. Deixemos a Benjamin a responsabilidade desse conceito: a manifestação de si, a manifestação de certa forma desinteressada, imediata e sem cálculo da cólera. O que lhe importa é uma manifestação violenta da violência, que se mostra assim ela mesma, e que não seja meio com vistas a um fim. Tal seria a violência mítica como manifestação dos deuses.

Aqui começa a última seqüência, a mais enigmática, a mais fascinante e a mais profunda desse texto. É preciso destacar, nele, pelo menos dois traços: por um lado, uma terrível ambigüidade ético-política, a que reflete, no fundo, o terror que forma efetivamente o tema do ensaio; por outro lado, a instabilidade exemplar de seu estatuto e de sua assinatura, enfim daquilo que vocês me permitirão chamar de coração ou coragem de um pensamento que sabe não haver justeza e justiça e responsabilidade senão expondo-se a todos os riscos, para além da certeza e da boa consciência.

No mundo grego, a manifestação da violência divina, sob sua forma mítica, funda um direito mais do que o aplica, à força de força, mais do que "*enforce*" um direito existente, distribuindo as recompensas e os castigos. Não é uma justiça distributiva ou retributiva. Benjamin evoca a lenda de Níobe, de Apolo e de Artemísia, de Prometeu. Como se trata de fundar um direito novo, a violência que recai sobre Níobe vem, portanto, do destino. Esse destino só pode ser incerto e ambíguo (*zweideutig*), já que ele não é precedido nem regulado por nenhum direito anterior, superior ou transcendente. Fundadora, essa violência não é "propriamente destrutiva" (*eigentlich zerstörend*), já que ela respeita, por exemplo, a vida da mãe, no momento em que provoca a morte sangrenta dos filhos de Níobe[36]. Mas essa alusão ao sangue derramado é, aqui, discriminatória. Somente ela parece permitir, aos olhos de Benjamin, identificar a fundação mítica e violenta do direito no mundo grego, para distingui-la da violência divina no judaísmo. Os exemplos dessa ambigüidade (*Zweideutigkeit*) multiplicam-se, a palavra volta ao menos quatro vezes; há, assim, uma ambigüidade "demoníaca" nessa instauração mítica do direito que é, em seu princípio fundamental, uma potência (*Macht*), uma força, uma posição de autoridade e portanto, como sugere o próprio Sorel, que Benjamin parece aqui aprovar, um privilégio dos reis, dos grandes e dos poderosos: na origem, todo direito é um *privilégio*, uma prerrogativa[37]. Nesse momento originário e mítico, ainda

---

36. *Op. cit.*, p. 197; trad. fr., pp. 46-7.
37. "*dass in den Aufängen alles Recht 'Vor' recht der Könige oder der Grossen, Kurz der Mächtigten gewesen sei.*" *Op. cit.*, p. 198; trad. fr., pp. 48-9.

não há justiça distributiva, não há castigo ou pena mas somente "expiação" (*Sühne*), mais do que "retribuição".

A essa violência do *mýthos* grego, Benjamin opõe, traço por traço, a violência de Deus. De todos os pontos de vista, diz ele, ela é o contrário daquela. Em vez de fundar o direito, ela o destrói. Em vez de colocar limites e fronteiras, ela os aniquila. Em vez de induzir, ao mesmo tempo, o erro e a expiação, ela faz expiar. Em vez de ameaçar, ela fulmina. Sobretudo, e isso seria o essencial, em vez de fazer morrer pelo sangue, mata e anula *sem efusão de sangue*. O sangue faria toda a diferença. A interpretação desse pensamento do sangue é tão perturbadora, apesar de certas dissonâncias, em Benjamin como em Rosenzweig. O sangue é o símbolo da vida, diz ele, da vida pura e simples, da vida como tal (*das Symbol des blossen Lebens*)[38]. Ora, fazendo escorrer o sangue, a violência mitológica do direito se exerce em seu próprio favor (*um ihrer selbst willen*) contra a vida pura e simples (*das blosse Leben*), que ela faz sangrar, permanecendo precisamente na ordem da vida do vivo como tal. Pelo contrário, a violência puramente divina (judaica) se exerce sobre toda vida, mas em proveito ou em favor do vivo (*über alles Leben um des Lebendigen willen*). Por outras palavras, a violência mitológica do

---

38. *Op. cit.*, p. 199; trad. fr., p. 50.

direito satisfaz-se nela mesma, ao sacrificar o vivo, enquanto a violência divina sacrifica a vida para salvar o vivo, em favor do vivo. Nos dois casos, há sacrifício, mas no caso em que o sangue é exigido o vivo não é respeitado. Daí a singular conclusão de Benjamin, a quem deixo, uma vez mais, a responsabilidade desta interpretação, em particular desta interpretação do judaísmo: "A primeira (a violência mitológica do direito) exige (*fordert*) o sacrifício, a segunda (a violência divina) o aceita, o assume (*nimmt sie an*)." Em todo caso, essa violência divina, que não seria somente atestada pela religião mas também na vida presente ou nas manifestações do sagrado, aniquila talvez os bens, a vida, o direito, o fundamento do direito etc., mas ela não ataca jamais, para destruí-la, a alma do vivo (*die Seele des Lebendigen*). Por conseguinte, não temos o direito de concluir que a violência divina deixa o campo livre para todos os crimes humanos. O "não matarás" permanece como um imperativo absoluto, desde que o princípio da mais destruidora violência divina ordena o respeito ao vivo, para além do direito, para além do julgamento. Pois esse imperativo não é seguido de nenhum juízo. Ele não fornece nenhum critério para julgar. Não poderíamos valer-nos dele para condenar automaticamente toda condenação à morte. O indivíduo ou a comunidade devem guardar a "responsabilidade" (cuja condição é a ausência de critérios gerais e de regras automáticas) de assumir sua decisão em situações excepcionais, em casos extraordinários ou inéditos (*in ungeheuren Fällen*). Aí reside, para Benjamin, a essência do judaísmo, que se recusaria expressamente a condenar o assassinato em caso de legítima defesa, e que, segundo ele, sacraliza a vida a tal ponto que certos pensadores estendem essa sacralização para além do homem, até o animal ou o vegetal.

Mas seria necessário aguçar até o extremo o que Benjamin entende, aqui, por sacralidade do homem, da vida, ou melhor, do *Dasein* humano. Ele se manifesta vigorosamente contra toda sacralização da vida por *ela mesma*, da vida natural, do simples fato de viver. Comentando longamente a frase de Kurt Hiller, segundo a qual "ainda mais alto do que a felicidade e a justiça de uma existência (*Dasein*), situa-se a própria existência", Benjamin julga falsa e ignóbil a proposta de que o simples *Dasein* seria mais elevado do que o *Dasein* justo (*als gerechtes Dasein*), se entendermos por *Dasein* o simples fato de viver. E, anotando ao mesmo tempo que os termos *Dasein* e vida permanecem muito ambíguos, ele julga ao contrário a mesma proposição, por mais ambígua que seja, plena de uma poderosa verdade (*gewaltige Wahrheit*), se ela quer dizer que o não-ser do homem seria ainda mais terrível que o não-ser ainda do homem justo, pura e simplesmente, de modo incondicional. Por outras palavras, o que constitui o valor do homem, de seu *Dasein* e de sua vida, é conter a potencialidade, a possibilidade da justiça, o futuro da justiça, o futuro de seu ter-de-ser-justo. O que é sagrado em sua vida não é sua vida, mas a justiça de sua vida. Mesmo que os animais e as plantas fossem sagrados, não o seriam por sua simples vida, diz Benjamin. Essa crítica do vitalismo ou do biologismo, se ela se assemelha também à de certo Heidegger, e se lembra propostas hegelianas, aparece aqui como o despertar de uma tradição judaica. E ela o faz em nome da vida, do mais vivo da vida, do preço da vida que vale mais do que a vida (pura e simples, se tal coisa existe e se podemos chamá-la de natural e biológica), mas que vale mais do que a vida porque ela é a própria vida enquanto preferível. A vida para além da vida, a vida contra a vida, mas sempre na vida e pela vida[39]. Em razão dessa ambigüidade dos conceitos de vida e de *Dasein*, Benjamin é ao mesmo tempo atraído e reticente diante do dogma

---

39. Por mais paradoxal que ela seja em si mesma, por mais pronta a passar ao seu contrário, esta lógica é típica e recorrente. Entre todas as afinidades (surpreendentes ou não) que ela pode favorecer, mencionemos, uma vez mais, um gesto análogo em Schmitt, um gesto nele mesmo paradoxal e necessário para um pensador da política como guerra: a condenação à morte *física* é aí uma prescrição expressa e rigorosamente levada em conta por Schmitt. Mas essa execução não seria mais do que uma oposição da vida à vida. Não existe a morte. Existe somente a vida, sua posição – e sua oposição a si mesma, que é apenas um modo da posição de si. Cf. *Politiques de l'amitié, op. cit.*, p. 145, n. 1.

que afirma o caráter sagrado da vida, como vida natural, pura e simples. A origem desse dogma merece uma pesquisa, anota Benjamin, que está disposto a ver nele a resposta relativamente moderna e nostálgica do Ocidente à perda do sagrado.

Qual é o último e mais provocador paradoxo dessa crítica da violência? Aquele que dá mais a pensar? É que essa crítica se apresenta como a única "filosofia" da história (a palavra "filosofia" permanecendo entre aspas inesquecíveis) que torne possível uma atitude não apenas "crítica" mas, no sentido mais crítico e diacrítico da palavra "crítica", do *krinein*, uma atitude que permita escolher (*krinein*), portanto decidir e resolver na história e a respeito da história. É a única que permite uma relação com o tempo presente, anota Benjamin, uma tomada de decisão discriminante, decisória e decisiva (*scheidende und entscheidende Einstellung*). Toda a indecidibilidade (*Unentscheidbarkeit*) está situada, bloqueada, acumulada no lado do direito, da violência mitológica, isto é, fundadora e conservadora do direito. Toda a decidibilidade, ao contrário, se situa no lado da violência divina, que destrói o direito, poderíamos mesmo arriscar dizer que desconstrói o direito. Dizer que toda decidibilidade se acha no lado da violência divina, que destrói ou desconstrói o direito, é dizer pelo menos duas coisas:

1. Que a história está do lado dessa violência divina, e a história precisamente por oposição ao mito;

é por isso que se trata de uma "filosofia" da história e que Benjamin faz apelo a uma "nova era histórica"[40] que deveria seguir ao fim do reino mítico, a interrupção do círculo mágico das formas míticas do direito, a abolição da *Staatsgewalt*, da violência, do poder ou da autoridade do Estado. Essa nova era histórica seria uma nova era política, com a condição de não se ligar a política ao estatal, como o fará, pelo contrário, teleologicamente, um Schmitt por exemplo, mesmo que ele se exima de confundir os dois.

2. Se toda a decidibilidade se encontra concentrada do lado da violência divina, na tradição judaica, isso viria, confirmando-o, dar sentido ao espetáculo oferecido pela história do direito. Esta se desconstrói por ela mesma e se paralisa na indecidibilidade. Com efeito, o que Benjamin chama de "dialética dos altos e baixos"[41], na violência fundadora ou conservadora do direito, constitui uma oscilação na qual a violência conservadora deve exercer constantemente a "repressão das contra-violências hostis". Ora, essa repressão – e o direito, a instituição jurídica é essencialmente repressiva, desse ponto de vista – não cessa de enfraquecer a violência fundadora que ela representa. Ela se destrói, portanto, por ela mesma, no curso desse ciclo. Pois aqui Benjamin reconhece, de certo modo e implicitamente, aquela lei de itera-

---

40. *"Ein neues geschichtliches Zeitalter."* Op. cit., p. 202; trad. fr., p. 54.
41. *"Ein dialectisches Auf und Ab."* Op. cit., p. 202; trad. fr., p. 53.

bilidade que faz com que a violência fundadora esteja sempre representada numa violência conservadora, que repete sempre a tradição de sua origem e que só conserva, enfim, uma fundação destinada primeiramente a ser repetida, conservada, reinstituída. Benjamin diz que a violência fundadora é "representada" (*repräsentiert*) na violência conservadora.

Se pensássemos agora ter esclarecido e interpretado corretamente o texto de Benjamin, seu querer-dizer, opondo de modo decidível, de um lado a decidibilidade da violência divina, revolucionária, histórica, antiestatal, antijurídica e do outro lado a indecidibilidade da violência mítica do direito, estaríamos decidindo depressa demais e não compreenderíamos a força desse texto. Pois, em suas últimas linhas, um novo ato do drama se desenrola, ou um *coup de théâtre* acerca do qual eu não juraria que não estivesse premeditado desde a abertura das cortinas. O que diz, de fato, Benjamin? Ele fala primeiramente *no condicional* da "violência revolucionária" (*revolutionäre Gewalt*): "se", para além do direito, a violência vê seu estatuto garantido como violência pura e imediata, isso provará então que a violência revolucionária é possível. Saberíamos então, mas é um condicional, o que é essa violência revolucionária, cujo nome é o da mais pura manifestação da violência entre os homens[42].

---

42. *Op. cit.*, p. 202; trad. fr., p. 54.

Mas por que esse enunciado está no condicional? Seria ele somente provisório e contingente? Absolutamente não. Pois a decisão (*Entscheidung*) a esse respeito, a decisão determinante, a que permite conhecer ou reconhecer tal violência pura e revolucionária *como tal*, é uma *decisão inacessível ao homem*. Enfrentamos aqui uma outra indecidibilidade. É melhor citar *in extenso* esta frase de Benjamin:

> Mas não é, para os homens, nem igualmente possível nem igualmente urgente decidir quando uma violência pura foi efetiva num caso determinado.[43]

Isso se deve à essência da violência divina, ao seu poder e à sua justiça. A violência divina é a mais justa, a mais efetiva, a mais histórica, a mais revolucionária, a mais decidível e a mais decisória. Mas, como tal, ela não se presta a nenhuma determinação humana, a nenhum conhecimento ou "certeza" decidível de nossa parte. Nunca a conhecemos nela mesma, "como tal", mas somente em seus "efeitos". Seus efeitos são "incomparáveis". Eles não se prestam a nenhuma generalidade conceitual, a nenhum juízo determinante. Só há certeza (*Gewissheit*) ou conhecimento determinante no domínio da violência mítica, isto é, do direito, isto é, da indecidibilidade

---

43. "*Nicht gleich möglich, noch auch gleich dringend ist aber für Menschen die Entscheidung, wann reine Gewalt in einem bestimmten Falle wirklich war.*" *Op. cit.*, pp. 202-3; trad. fr., p. 54.

histórica. "Só a violência mítica, e não a violência divina – diz Benjamin –, se deixa conhecer como tal, com certeza, a menos que não seja em seus efeitos incomparáveis."

Para esquematizar: haveria duas violências, duas *Gewalten* concorrentes: de um lado, a decisão (justa, histórica, política etc.), a justiça para além do direito e do Estado, *mas sem conhecimento decidível*; do outro, haveria conhecimento decidível e certeza, num domínio que permanece *estruturalmente o do indecidível*, do direito mítico e do Estado. De um lado, a decisão sem certeza decidível, do outro, a certeza do indecidível, mas sem decisão. De qualquer modo, sob uma ou outra forma, o indecidível está nos dois lados, e é a condição violenta do conhecimento ou da ação. Mas conhecimento e ação estão sempre dissociados.

Perguntas: aquilo que se chama no singular, se é que há uma e apenas uma, de desconstrução, é isto ou aquilo? Ou ainda outra coisa, ou outra coisa enfim? Se confiarmos no esquema benjaminiano, o discurso desconstrutivo sobre o indecidível é mais judaico (ou judaico-cristão-islâmico) ou mais grego? Mais religioso, mais mítico ou mais filosófico? Se não respondo a perguntas dessa forma, não é apenas porque não estou seguro de que algo como *a* desconstrução, no singular, exista ou seja possível. É também porque acredito que os discursos desconstrutivos, tais como se apresentam em sua irredutível pluralidade, participam de modo impuro, contaminante, negociado, bastardo e violento a todas essas filiações – digamos judeu-gregas, para ganhar tempo – da decisão e do indecidível. E depois, que o Judeu e o Heleno talvez não sejam exatamente aquilo de que Benjamin quer nos convencer. E enfim, para aquilo que resta por vir da desconstrução, acredito que em suas veias corre também, talvez sem filiação, um sangue bem diferente ou melhor, uma coisa bem diferente do sangue, mesmo do sangue mais fraternal[44].

Dizendo pois adeus ou até logo a Benjamin, deixo-lhe entretanto a última palavra. Deixo que ele assine, se ao menos puder fazê-lo. É preciso sempre que o outro assine, e é sempre o outro que assina por último. Em outras palavras, antes.

Em suas últimas linhas, logo antes de assinar, Benjamin usa, aliás, a palavra "bastardo". É, em suma, a definição do mito, portanto, da violência fundadora do direito. O direito mítico, poderíamos dizer, a ficção jurídica, é uma violência que teria "abastardado" (*bastardierte*) as "formas eternas da violência divina pura". O mito abastardou a violência divina com o direito (*mit dem Recht*). Mau casamento, genealogia impura: não a mistura dos sangues, mas a bastardia, que afinal terá criado um direito que faz correr sangue e pagar com o sangue.

---

44. Colocando, assim, esse texto singular de Benjamin à prova de certa necessidade desconstrutiva, pelo menos tal como posso determiná-la aqui, esboçaríamos ou prosseguiríamos um trabalho mais amplo e mais coerente: sobre as relações entre *esta* desconstrução, aquilo que Benjamin chama de "destruição" (*Zerstörung*), e a *Destruktion* heideggeriana.

Em seguida, logo depois de ter assumido a responsabilidade dessa interpretação do grego e do judeu, Benjamin assina. Ele fala de modo avaliador, prescritivo e não constativo, como se faz cada vez que se assina. Duas frases enérgicas anunciam quais *devem* ser as palavras de ordem, o que *deve ser feito*, o que *deve ser rejeitado*, o mal ou a perversidade daquilo que deve ser rejeitado (*Verwerflich*):

> Mas deve-se rejeitar (*Verwerflich aber*) toda violência mítica, a violência fundadora do direito, que podemos chamar de violência governante (*schaltende*). Deve-se rejeitar também (*Verwerflich auch*) a violência conservadora do direito, a violência governada (*die verwaltete Gewalt*) que está a seu serviço.

Depois, são as últimas palavras, a última frase. Como o chofar da tarde, mas na véspera de uma oração que não se ouve mais. Que não o ouçamos mais ou que não o ouçamos ainda, que diferença isso faz?

Essa última mensagem assina, e bem perto do prenome de Benjamin, Walter. Mas ela nomeia também a assinatura, a insígnia e o selo, nomeia o nome, e aquilo que se chama "*die waltende*"[45].

---

45. Chance da língua e do nome próprio, álea no cruzamento do mais comum e do mais singular, lei do destino único, o "jogo" entre *walten* e *Walter*, este jogo logo aqui, entre este *Walter* e o que ele diz de *Walten*, é preciso saber que ele não dá lugar a nenhum saber, nenhuma demonstração, nenhuma certeza.

Mas quem assina? É Deus, o Absolutamente Outro, como sempre. A violência divina terá precedido mas, também, *dado* todos os prenomes. Deus é o nome dessa violência pura – e justa por essência: não há outra, não há nenhuma antes dela e diante da qual ela tenha de se justificar. Autoridade, justiça, poder e violência nele se unem.

O outro sempre assina, eis o que assina, talvez, esse ensaio. Ensaio de assinatura que se arrebata em sua verdade, a saber, que o outro sempre assina, o absolutamente outro, e todo outro é absolutamente outro. É o que chamamos de Deus, não, o que se chama Deus quando, necessariamente, ele assina em meu lugar, mesmo quando acredito nomeá-lo. Deus é o nome dessa metonímia absoluta, o que ela nomeia deslocando os nomes, a substituição e o que é substituído nessa substituição. Antes mesmo do nome, desde o prénome:

Este é o paradoxo de sua força "demonstrativa". Essa força decorre da dissociação do cognitivo e do performativo de que falávamos há pouco (e também em outros lugares, precisamente a respeito da assinatura). Mas, ao tocar no segredo absoluto, esse "jogo" não é nada gratuito. Como já notamos, Benjamin interessou-se muito, principalmente em *As afinidades eletivas de Goethe*, pelas coincidências aleatórias *e* significantes de que os nomes próprios são instância privilegiada. (Eu estaria tentado a encontrar para esta hipótese uma nova chance na leitura recente (agosto de 1991) do belo ensaio de Jochen Hörisch, "L'ange satanique et le bonheur. Les noms de Walter Benjamin", in *Weimar. Le tournant critique*, organizado por G. Raulet, Paris, 1988.)

"*Die göttliche Gewalt, welche Insignium und Siegel, niemals Mittel heiliger Vollstreckung ist, mag die waltende heissen*": "A violência divina, que é insígnia e selo, nunca meio de execução sagrada, pode ser chamada de soberana (*die waltende heissen*)."

Ela pode ser chamada de – a soberana. Em segredo. Soberana pelo fato de se chamar e de ser chamada ali onde soberanamente ela se chama. Ela se nomeia. Soberana é a potência violenta dessa apelação originária. Privilégio absoluto, prerrogativa infinita. A prerrogativa fornece a condição de toda apelação. Ela não diz mais nada, ela se chama portanto em silêncio. Somente ressoa, então, o nome, a pura nominação do nome antes do nome. A prenominação do nome, eis a justiça em seu poder infinito. Ela começa e termina na assinatura.

Na mais singular, na mais improvável das assinaturas, na soberana. Na mais secreta, também: soberana *quer dizer*, para quem sabe ler, secreta. *Quer dizer*, isto é (*heisst*) chama, convida, nomeia, endereça, endereça-se.

Para quem pode ler, cruzando logo o nome do outro.

Para quem recebe a força de desselar, mas como tal, mantendo assim intacta a indecifrabilidade de um selo, a soberana e não outra.

POST-SCRIPTUM

Esse estranho texto é datado. Toda assinatura é datada, mesmo e talvez ainda mais se ela se insere entre vários nomes de Deus, e só assina pretendendo deixar que o próprio Deus assine. Se esse texto é datado e assinado (Walter, 1921), temos apenas um direito limitado a convocá-lo como testemunha do nazismo em geral (que ainda não se tinha desenvolvido como tal), nem das novas formas nele assumidas pelo racismo e o anti-semitismo, dele inseparáveis, e ainda menos da "solução final": não apenas porque o projeto e a execução da "solução final" são ainda mais tardios, e mesmo posteriores à morte de Benjamin, mas porque a "solução final" é talvez, na própria história do nazismo, algo que alguns podem considerar como o resultado inelutável e inscrito nas próprias premissas do nazismo, se tal coisa tem uma identidade própria para sustentar esse tipo de enunciados, enquanto outros, nazistas ou não, alemães ou não, podem pensar que o projeto de "solução final" é um evento, ou uma nova mutação no interior da história do nazismo, e que merece, assim, uma análise absolutamente específica. Por todas essas razões, não teríamos o direito, ou teríamos apenas um direito limitado, de nos perguntar o que Walter Benjamin teria pensado, na lógica desse texto, se ele tivesse uma e só uma, tanto do nazismo como da "solução final".

E no entanto. No entanto, de certa maneira, eu o farei, e o farei indo além de meu interesse por esse texto ele mesmo, por seu evento e por sua estrutura, por aquilo que ele nos dá a ler de uma configuração dos pensamentos judaico e alemão logo antes da ascensão do nazismo, como se diz, de todas as partilhas e partituras que organizam tal configuração, das proximidades vertiginosas, das reviravoltas radicais do pró ao contra a partir de premissas por vezes comuns etc. Supondo-se que todos esses problemas sejam verdadeiramente separáveis, do que duvido. Na verdade, não me perguntarei o que o próprio Benjamin pensou acerca do nazismo e do anti-semitismo, principalmente porque temos para isso outros meios, outros textos dele. Também não me perguntarei o que o próprio Benjamin teria pensado sobre a "solução final" e quais juízos, quais interpretações ele teria dela proposto. Buscarei outra coisa, de maneira modesta e preliminar. Por mais enigmática e sobredeterminada que seja a matriz lógica desse texto, por mais móvel e conversível, por mais derrubável que seja, ela tem sua coerência própria. Essa coerência é ela mesma coerente com aquela que comanda vários outros textos de Benjamin, textos anteriores e posteriores. É levando em conta certos elementos in-

sistentes dessa continuidade coerente que experimentarei algumas hipóteses, para reconstituir, não enunciados possíveis de Benjamin, mas os grandes traços do espaço problemático e interpretativo no qual ele teria talvez inscrito seu discurso, com relação à "solução final".

Por um lado, ele teria provavelmente considerado a "solução final" como a extrema conseqüência de uma lógica do nazismo que, para retomar os conceitos de nosso texto, teria correspondido a uma radicalização múltipla:

1. A radicalização do mal ligada à queda na linguagem da comunicação, da representação, da informação (e, desse ponto de vista, o nazismo foi de fato a figura mais marcante da violência midiática e da exploração política das técnicas modernas da linguagem comunicativa, da linguagem da indústria, da objetivação científica à qual está ligada a lógica do signo convencional e da matriculação formalizante).

2. A radicalização totalitária de uma lógica do Estado (e nosso texto é de fato uma condenação do Estado, ou da revolução que substitui um Estado por outro Estado, o que vale também para outros totalitarismos – e já vemos despontar a questão do Historikerstreit)*.

---

* *Historikerstreit*: polêmica desencadeada em 1986, por Jürgen Habermas, contra historiadores alemães neoconservadores – Stümer, Hillgruber, Nolte, Fest... – que pretendiam dar uma interpretação do nazismo própria a "normalizar" o passado, reinstaurando a identidade e o orgulho germânicos. (N. da T.)

3. *A corrupção radical, mas também fatal da democracia parlamentar e representativa, por uma polícia moderna dela inseparável, que se torna o verdadeiro poder legislativo e cujo fantasma comanda a totalidade do espaço político. Desse ponto de vista, a "solução final" é, ao mesmo tempo, uma decisão histórico-política de Estado e uma decisão de polícia, de polícia civil e de polícia militar, sem que se possa jamais discernir entre as duas e atribuir verdadeiras responsabilidades a qualquer decisão.*

4. *Uma radicalização e uma extensão total do mítico, da violência mítica, tanto em seu momento sacrificial fundador, quanto em seu momento mais conservador. E essa dimensão mitológica, ao mesmo tempo grega e estetizante (o nazismo, como o fascismo, é mitológico, grecóide, e se ele corresponde a uma estetização do político é numa estética da representação), essa dimensão mitológica responde também a certa violência do direito estatal, de sua polícia e de sua técnica, de um direito totalmente dissociado da justiça, como a generalidade conceitual e propícia à estrutura de massa, por oposição à consideração da singularidade e da unicidade. Como explicar, de outro modo, a forma institucional ou burocrática, os simulacros de legislação, o juridicismo, o respeito pelas competências e hierarquias, em suma, por toda a organização jurídico-estatal que caracterizou a realização tecno-industrial e científica da "solução final"? Aqui, certa mitologia do direito se desencadeou contra uma justi-*

ça, acerca da qual Benjamin pensava que, no fundo, ela devia permanecer heterogênea ao direito, ao direito natural como ao direito histórico, à violência de sua fundação como à de sua conservação. E o nazismo foi uma revolução conservadora desse direito.

Por outro lado, e por essas mesmas razões, porque o nazismo conduz logicamente à "solução final" como a seu próprio limite, e porque a violência mitológica do direito é seu verdadeiro sistema, só podemos pensar, isto é, também lembrar a unicidade da "solução final", a partir de um lugar diferente desse espaço da violência mitológica do direito. Para tomar a medida desse acontecimento, e daquilo que o liga ao destino, seria preciso deixar a ordem do direito, do mito, da representação (da representação jurídico-política, com seus tribunais de juízes-historiadores, mas também da representação estética). Pois o que o nazismo, como acabamento da lógica da violência mitológica, teria tentado fazer, foi excluir a outra testemunha, destruir a testemunha da outra ordem, de uma violência divina cuja justiça é irredutível ao direito, de uma justiça heterogênea tanto à ordem do direito (mesmo dos direitos humanos) quanto à ordem da representação e do mito. Por outras palavras, não podemos pensar a unicidade de um acontecimento como a "solução final" considerando-a a extrema ponta de uma violência mítica ou representacional, no interior de seu sistema. É preciso tentar pensá-lo a partir de seu outro, isto é, a partir do que ele tentou excluir e destruir, exterminar radicalmente, e que o assombrava tanto de fora como de *dentro. É preciso tentar pensá-lo a partir da possibilidade da singularidade, da singularidade da assinatura e do nome, pois o que a ordem da representação tentou exterminar não foi somente milhões de vidas humanas, mas também uma exigência de justiça, e também nomes: e, primeiramente, a possibilidade de dar, de inscrever, de chamar e de lembrar o nome. Não somente porque houve destruição ou projeto de destruição do nome, e da própria memória do nome, do nome como memória, mas também porque o sistema da violência mítica (objetivista, representacional, comunicacional etc.) foi até um limite dele mesmo, ficando ao mesmo tempo, de modo demoníaco, dos dois lados do limite: manteve, ao mesmo tempo, o arquivo de sua destruição, produziu simulacros de raciocínios justificativos, com uma aterrorizante objetividade legal, burocrática, estatal, e (ao mesmo tempo, pois) um sistema no qual sua lógica da objetividade tornava possível a invalidação, e portanto o apagamento do testemunho e das responsabilidades, a neutralização da singularidade da solução final; em suma, ele produziu a possibilidade da perversão historiográfica que pôde ocasionar tanto a lógica do revisionismo (digamos do tipo Faurisson*, para abreviar) quanto o objetivismo positivista, comparatista ou relativista (como o que se liga agora ao* Historikerstreit*), segundo o qual a existência*

---

* Robert Faurisson, professor da Sorbonne que negou publicamente a existência dos campos de concentração e foi, por isso, legalmente condenado e punido. (N. da T.)

de um modelo totalitário análogo e de exterminações anteriores (o Gulag) explica a "solução final", ou a "normaliza" como ato de guerra, uma resposta estatal clássica em tempo de guerra contra os judeus do mundo que teriam, em suma, como um quase Estado, declarado guerra ao Terceiro Reich pela boca de Weizman, em setembro de 1939.

Desse ponto de vista, Benjamin teria talvez julgado vão e sem pertinência, em todo caso sem uma pertinência à medida do acontecimento, todo processo jurídico do nazismo e de suas responsabilidades, todo aparelho de julgamento, toda historiografia que fosse ainda homogênea ao espaço no qual o nazismo se desenvolveu até a solução final, toda interpretação baseada nos conceitos filosóficos, morais, sociológicos, psicológicos ou psicanalíticos e, sobretudo, nos conceitos jurídicos (em particular os da filosofia do direito, quer ela seja jusnaturalista, no estilo aristotélico ou no estilo da Aufklärung). *Benjamin teria talvez julgado vã e sem pertinência, em todo caso sem uma pertinência à medida do acontecimento, toda objetivação histórica ou estética da "solução final" que pertenceria ainda, como toda objetivação, à ordem do representável e mesmo do determinável, do juízo determinante e decidível. Dizíamos há pouco: na ordem da má violência do direito, a mitológica, o mal dependia de certa indecidibilidade, do fato de não podermos distinguir entre a violência fundadora e a violência conservadora, porque a corrupção era dialética e dialeticamente inevitável, enquanto o juízo teórico e a representação eram aí determináveis e determinantes. Pelo contrário, logo que abandonamos essa ordem, a história começa – e a violência da justiça divina –, mas nós, os homens, não podemos aí medir juízos, isto é, também interpretações decidíveis. O que também quer dizer que a interpretação da "solução final", como tudo o que constitui o conjunto e a delimitação das duas ordens (mitológica e divina), não está à altura do homem. Nenhuma antropologia, nenhum humanismo, nenhum discurso do homem sobre o homem ou sobre os direitos do homem pode medir-se nem à ruptura entre o mítico e o divino, nem portanto a essa experiência limite que é um projeto como a "solução final". Este tenta, simplesmente, aniquilar o outro da violência mítica, o outro da representação, a saber, o destino, a justiça divina e o que pode dar testemunho dela, isto é, o homem na medida em que ele é o único ser que, não tendo recebido seu nome de Deus, recebeu de Deus o poder e a missão de nomear, de dar ele mesmo um nome a seu semelhante e de dar um nome às coisas. Nomear não é representar, não é comunicar por signos, por meio de meios visando a um fim. A linha dessa interpretação pertenceria àquela terrível e acabrunhante condenação da Aufklärung que Benjamin já tinha formulado naquele texto de 1918, publicado por Scholem em comemoração aos 60 anos de Adorno.*

Isso não quer dizer que se deva simplesmente renunciar às Luzes e à linguagem da comunicação, ou da representação, em proveito da linguagem de expressão. Em seu Diário de Moscou, *em 1926-1927, Benjamin precisa que a polaridade entre as duas linguagens e tudo o que elas comandam não pode ser mantida e operada em estado puro; o "compromisso" entre elas é necessário ou inevitável. Mas continua sendo um compromisso entre duas dimensões incomensuráveis e radicalmente heterogêneas, e isso em nome da justiça que ordenaria obedecer, ao mesmo tempo, à lei da representação (Aufklärung, razão, objetivação, comparação, explicação, consideração da multiplicidade e, portanto, da seriação dos únicos) e à lei que transcende a representação e subtrai o único, toda unicidade, à sua re-inscrição numa ordem de generalidade ou de comparação.*

O que, para terminar, acho mais terrível ou insuportável nesse texto, para além das afinidades que ele tem com o pior (crítica da Aufklärung, *teoria da queda e da autenticidade originária, polaridade entre linguagem originária e linguagem decaída, crítica da representação e da democracia parlamentar etc.), é finalmente uma tentação que ele deixaria em aberto, principalmente para os sobreviventes ou as vítimas da "solução final", a suas vítimas passadas, presentes ou potenciais. Que tentação? A de pensar o holocausto como uma manifestação ininterpretável da violência divina: essa violência divina seria, ao mesmo tempo, aniquiladora, expiatória e não-sangrenta, diz Benjamin, de um "processo não-sangrento que fulmina e faz expiar" ("À lenda de Níobe podemos opor, como exemplo dessa violência, o julgamento de Deus contra a tribo de Coré (Números XVI, 1, 35). Ele fulmina privilegiados, os Levitas, fulmina-os sem prevenir, sem ameaça, e não hesita em aniquilá-los. Mas nesse aniquilamento ele é, ao mesmo tempo, expiatório, e não podemos desconhecer uma profunda correlação entre o caráter não-sangrento e o caráter expiatório dessa violência").*

Quando pensamos nas câmaras de gás e nos fornos crematórios, como ouvir sem estremecer essa alusão a um extermínio que seria expiatório porque não-sangrento? Ficamos terrificados com a idéia de uma interpretação que fizesse do holocausto uma expiação, e uma indecifrável assinatura da justa e violenta cólera de Deus.

É neste ponto que esse texto, apesar de toda a sua mobilidade polissêmica e de todos os seus recursos de inversão, me parece assemelhar-se demasiadamente, até a fascinação e a vertigem, com aquilo mesmo contra o que é preciso agir e pensar, fazer e falar. Esse texto, como muitos outros de Benjamin, é ainda excessivamente heideggeriano, messiânico-marxista ou arqui-escatológico para mim. Não sei se, dessa coisa sem nome que chamam de "solução final", podemos tirar algo que mereça ainda o nome de ensinamento. Mas, se houvesse um ensinamento a ser tirado, um ensinamento único entre os ensinamentos sempre únicos do assassinato, mesmo singular, de todos os extermínios coletivos da história (pois cada assassinato individual e cada assassinato coletivo é singular, portanto infinito e incomensurável), o ensinamento que poderíamos tirar hoje, e se podemos devemos, é que precisamos pensar, conhecer, representar para nós mesmos, formalizar, ajuizar a cumplicidade possível entre todos esses discursos e o pior (aqui, a "solução fi-

nal"). Isso define, a meu ver, uma tarefa e uma responsabilidade cujo tema não pude ler nem na "destruição" benjaminiana nem na "destruktion" *heideggeriana. Foi o pensamento da diferença entre essas destruições, por um lado, e uma afirmação desconstrutiva, de outro, que me guiou esta tarde, nesta leitura. É esse pensamento que me parece ditar a memória da "solução final".*